经济管理实践教材丛书

主 编／刘 宇 副主编／张 虹 曲 立

经济管理实践教材丛书

主　编／刘　宇
副主编／张　虹　曲　立

国际贸易流程实验教程

Experimental Instruction on International Trade Process

李雁玲　　韩之怡　　任丽明◎编著

社会科学文献出版社
SOCIAL SCIENCES ACADEMIC PRESS (CHINA)

本丛书出版得到北京市属高等学校人才强校计划项目、

科技创新平台项目、北京市重点建设学科项目、

北京知识管理研究基地项目资助

总　序

General Preface

　　经济管理学院是北京信息科技大学最大的学院。目前拥有管理科学与工程、企业管理、技术经济及管理、国民经济学、数量经济学五个硕士授权学科，其中管理科学与工程、企业管理为北京市重点建设学科；拥有北京市哲学社会科学研究基地——北京知识管理研究基地；拥有工业工程硕士授权专业；拥有会计学、财务管理、市场营销、工商管理、人力资源管理、经济学六个学士授权专业，设有注册会计师、证券与投资、商务管理、国际贸易四个专门化方向。

　　经济管理学院下设五个系：会计系、财务与投资系、企业管理系、营销管理系、经济与贸易系；现有教授12人、副教授37人，具有博士学位的教师占25%，具有硕士学位的教师占70%。经济管理学院师资力量雄厚，其中有享受政府特殊津贴的专家、博士生导师、跨世纪学科带头人，以及北京市教委"人才强教计划"学术创新拔尖人才、北京市教委"人才强教计划"学术创新团队带头人、北京市哲学社会科学研究基地首席专家、北京市重点建设学科带头人、北京市科技创新标兵、北京市科技新星、证券投资专家、北京市政府顾问、国家注册审核员、国家注册会计师、大型企业独立董事、一级学术组织常务理事，他们分别在计量经济学、实验经济学、知识管理、科技管理、证券投资、项目管理、质量管理和财务会计教学与研究领域颇有建树，享有较高的知名度。

经济管理学院成立了知识管理研究所、实验经济学研究中心、顾客满意度测评研究中心、科技政策与管理研究中心、食品工程项目管理研究中心、经济发展研究中心、国际贸易研究中心、信息与职业工程研究所、金融研究所、知识工程研究所、企业战略管理研究所。

近五年来，经济管理学院在提高教学质量的同时，在科学研究方面也取得了丰硕的成果。完成了国家"十五"科技攻关项目、国家科技基础平台建设项目、国家科技支撑计划项目、国家软科学项目等 12 项国家级项目和 28 项省部级项目；荣获 2008 年国家科技进步奖二等奖 1 项，以及 6 项省部级奖；获得软件著作权 30 项；出版专著 26 部；出版译著 6 本；出版教材 20 本；发表论文 600 余篇。这些成果直接或间接地为政府部门以及企业服务，特别是服务于北京社会发展与经济建设。

经济管理学院基于培养创新能力强的应用型人才的需要，在长期有关实验实习工作研究、建设、整合、优化与提升的过程中，建成了经济管理实验教学中心，下设财务与会计实验室、企业管理实验室、经济与贸易实验室。该中心覆盖了会计、财务与投资、企业管理、营销管理、经济与贸易、知识管理、实验经济学七个实验教学领域。该中心由实验室与专业系共同建设，专业教师与实验教师密切合作，取得了实质性的进展，研究成果"工商管理专业实践教学体系构建与实施"获得 2008 年北京市教育教学成果奖（高等教育）一等奖，并组织编写了这套"经济管理实践教材丛书"。

"经济管理实践教材丛书"由北京市教育委员会科技创新平台建设项目、科学技术与研究生建设项目、北京市重点建设学科建设项目、北京知识管理研究基地与北京市教委"人才强教计划"知识管理研究学术创新团队专项资助。

对于培养应用型人才来说，实践教材十分重要，且需求量大。但鉴于实践教材个性化、差异化强，编写出版难度大，市场上可供选择的实践教材少，不能满足需求。这套教材是一种尝试，是一种交流，也是一种学习，难免有不当甚至错误之处，敬请批评指正。

在北京市教委与学校的大力支持与领导下，我们有信心依靠学科、科研、教学与实验教学团队精心设计、组织与建设，把经济管理实验教学中心建成北京市实验教学示范中心，为北京市经济社会发展培养急需的应用型人才。

刘 宇

2009 年 9 月于北京天通苑

目 录

Contents

第三篇　实验操作指导

附　录

Contents

Contents

Part Ⅱ   Experimental knowledge

Part Ⅲ   Experimental skills

Appendices

前　言

自改革开放以来，中国对外贸易发生了巨大的变化。1997 年，中国在世界贸易中的排名从 1979 年的第 32 位，第一次跻身世界贸易十强，货物贸易进出口总额为 3240 亿美元。2007 年，货物贸易总额突破 2 万亿美元，居世界第三位。2008 年，货物贸易总额达到 2.5 万亿美元。

2009 年，根据我国海关总署的统计，我国对外贸易额为 22072.7 亿美元，受国际金融危机的影响，比 2008 年下降了 13.9%，但是仍略高于 2007 年的对外贸易总值。2009 年，我国出口 12016.7 亿美元，进口 10056 亿美元，分别比 2008 年下降 16% 和 11.2%。2009 年全年实现贸易顺差 1960.7 亿美元，比 2008 年减少 34.2%。但是，从 2009 年我国对外贸易的月度统计数据看，我国对外贸易已有好转的迹象。笔者在这个时间编著国际贸易流程实验教程，是希望不仅能对在校的相关专业的学生，也能对刚走出校门走上工作岗位的新人有一定的指导作用。

国际贸易流程实验课程将国际贸易专业的理论知识与信息技术相结合，目的在于培养和提高学生将其所学理论知识运用于实践的学习能力和实践能力。教学中的国际贸易实务实际操作技能的训练有助于学生更快地融入社会。笔者在多年从事国际贸易理论、国际贸易实务和国际商务双语类课程的理论和实验课程教学的基础上，根据国际贸易实际交易的整个流程，编著了这本实验教程。

国际贸易流程实验教程是针对国际贸易流程实验课程或实训的实践教学环节编写的实验教材，适用于经济、管理和外贸英语专业以及其他相关专业的学生。

全书共包括三篇。第一篇为国际贸易流程实验的基本要求，重点说明国际贸易整个流程的实验内容、实施方式和考核方式的具体安排和要求。第二篇为国际贸易流程实验的基础知识，结合汽车进出口，比较详细地说明进出口的整个流程；另外，还对国际贸易流程实验中的其他两个重要操作环节——合同磋商和贸易单据方面的知识进行了说明。第三篇为国际贸易流程实验的操作指南，首先重点介绍了国际贸易流程实验软件交易模拟系统（TMT）的使用方法；其次，对英文信函的格式和结构，以及单据缮制方法进行了具体操作性说明；最后，通过实例说明国际贸易流程实验的具体操作环节，并进一步说明了国际贸易相关知识和技能的具体应用。

本书最突出的特点是强调知识的应用，注重学生实际操作能力的锻炼。例如，即使对国际贸易流程实验基础知识的说明，也尽可能以具体商品，如汽车的进出口来说明。通过系统、具体的实验操作环节，使学生基本掌握进出口实践所必备的基本理论和基本操作技能。

国际贸易流程实验的具体实施是借助上海高校国际商务实习中心编写的国际贸易模拟教学软件（TMT）来完成的，该软件自1998年起，已向全国各地的大中专院校共享转让。TMT的设计理念是让学生作为实习生进入一家仿真的贸易公司，以公司实习员工的身份亲自完成一笔出口交易的全过程，通过对出口交易的各个流程环节的实际在线网络环境的操作，体验国际贸易流程的全过程，从而达到了解国际贸易完整交易流程、应用国际贸易基本知识和掌握国际贸易业务操作基本技能的目的。

本书第一、二、三、六、七章由李雁玲撰写，第四章和第十一章由韩之怡撰写，第五、八、九、十章由任丽明撰写。

本书编著者在此要特别感谢北京信息科技大学经济管理学院的葛新权院长，刘宇和张虹两位副院长，由于他们的支持，本书才能够得以顺利完成。

在本书编写过程中，马杰同学为第二、三章的撰写整理了一些资料，在此表示感谢。

最后，感谢薛可欣、李泽桓和史青三位小朋友，感谢他们对三位妈妈工作的支持。

李雁玲　韩之怡　任丽明

2010 年 2 月

第一篇　实验的基本要求

第一章　国际贸易流程实验的基本要求

国际贸易流程实验是为经济管理类专业的本科生学习《国际贸易实务》或《国际贸易理论与实务》以及相关课程而设置的一个综合性实践教学环节。其主要目的是让学生通过对国际贸易业务流程的模拟来掌握进出口业务的主要工作环节，特别是交易的磋商、合同的签订和制单等方面的工作。

在国际贸易流程模拟操作实验中，学生通过综合运用国际贸易、国际贸易实务以及外贸英文函电等相关课程的理论知识，查找相关资料，得到综合解决实际问题能力的培养和锻炼。

一　国际贸易流程实验目的

根据所给模拟实验资料，要求学生综合运用国际贸易、国际贸易实务、外贸英文函电的理论知识，对国际贸易业务的建立、交易磋商、信用证审核和修改、运输、投保、报关、报验、制单结汇、争议解决等实际业务问题进行综合分析，在仿真的国际贸易环境中体会国际贸易具体交易流程的全过程，通过模拟核算报价、磋商、签约、运输、投保、制单结汇等各环节的业务运作达到理论联系实际、提高学生实践能力的目的。

二 国际贸易流程实验时间

国际贸易流程实验课程以集中两周进行为宜。具体实验周数和学时，可根据教学计划和具体专业来安排。也可以每周一次，一次 4 学时，共计 32 学时。

三 国际贸易流程实验方式

国际贸易流程实验的具体实施是借助国际贸易流程模拟实验教学软件（TMT，上海高校国际商务实习中心编写）这一工具来完成的。软件学生端的使用方法可参见国际贸易流程实验教材中国际贸易流程软件平台操作指南一章。TMT 搭建起的国际贸易流程模拟平台，营造出的真实商务运作环境，可使参加实验的学生和指导教师形成互动。学生在拿到国际贸易流程实验教材后，在进入实验场地进行实验操作之前要认真阅读教材，预习实验的具体要求和相关操作，并随身携带该教材，以便于进入实验场地进行实验时随时查阅。

教师还可以根据国际贸易流程实验的周数，通过组织集体交流讨论，来巩固和提高教学效果。

四 国际贸易流程实验内容

表 1 – 1 为国际贸易流程实验项目和内容，国际贸易流程实验实际应完成的内容以实验过程中指导教师的具体安排为准。

表1－1　国际贸易流程实验项目和内容

实验安排和 项目名称	模拟系统中的 对应操作步骤	实验内容
实验一 建立业务关系	操 作 一	作为卖方撰写建立业务的函电
实验二 出口报价核算	操 作 二	收到客户询盘后进行出口报价核算
实验三 合同磋商	操 作 三 操 作 四 操 作 五	撰写发盘函 收到客户还盘后进行还价核算 撰写还盘函
实验四 签订合同	操 作 六 操 作 七	收到客户接受函后进行成交核算 签订合同
实验五 修改信用证	操 作 八 操 作 九	收到信用证后审证，写出审核意见 撰写改证函
实验六 装运前的工作	操 作 十 操作十一 操作十二	收到信用证修改书后向船公司订舱，制作订舱文件 收到船公司配舱回单后向海关报关，制作报关单 向保险公司投保，发出装船通知
实验七 制单结汇	操作十三	制作结汇单据向议付行议付
实验八 出口业务善后	操作十四	出口业务善后，包括退税申报后及时进行单证备案
实验九 进口单据审核	操作十五	审核另一笔进口业务的信用证单据

五　国际贸易流程实验要求

（1）关于国际贸易流程实验的具体要求，学生需要通过指导教师给出的 IP 地址、登录名和密码，登录实习环境后，详细查阅。因为学生进入的实习公司不同，实验具体操作要求也会略有差异，本书流程实验案例中的具体操作仅供参考。

（2）理论联系实际地分析问题，进行业务运作，可以适当进行实践调研，防止简单地根据实验条件生搬硬套本书的内容。

（3）实验中的定量计算要求选用恰当的计算方法，计算结果要求准确；定性分析要求思路清晰，论点及概念正确，论据充分，文字（中、英文）表达层次分明、流畅。

（4）实验中的某一些问题因实验者所选取的条件和对策的不同而有不同的结论，可能不存在标准答案，不必强求一致。

（5）国际贸易流程业务牵涉面广，综合性强，要求实验时思路开阔，综合运用国际贸易以及其他相关课程的理论知识，切忌孤立地、片面地分析问题、回答问题。

六 国际贸易流程实验成绩评定

国际贸易流程实验成绩的评定按照学生在国际贸易流程实验内容每次现场的表现和完成情况，并结合口试或笔试来确定，成绩按等级评分制给出。

七 国际贸易流程实验说明

（1）国际贸易流程实验教材的全部内容是针对两周集中进行的国际贸易流程实验要求编写的，如果国际贸易流程实验时间不足两周或者事先没有学习相关课程，鉴于课时的限制，应该适当减少国际贸易流程实验的任务量。

（2）本书还包括其他相关章节，这里进行简要说明，以便实验者更好地完成国际贸易流程实验。

全书共包括三篇。第一篇为国际贸易流程实验的基本要求，重点说明国际贸易整个流程的实验内容、实施方式和考核方式的具体安排和要求。第二篇为国际贸易流程实验基础知识，结合汽车进出口，比较详细地说明了进出口的整个流程；另外，还对国际贸易流程实验中的其他两个重要操作环节的合同磋商和贸易单据方面的知识进行了说明。第三篇为国际贸易流程实验操作指南，首先重点介绍了国际贸易流程实验软件交易模拟系统的使用方法；其次，对英文信函的格式和结构，以及单据缮制方法进行了具体操作性的说明；最后，通过实例说明国际贸易流程实验的具体操作环节，进一步说明国际贸易相关知识和技能的具体应用。

实验一　建立业务关系

一　实验目的

（1）了解和熟悉软件的操作，熟悉仿真环境。

（2）掌握撰写商务函电的格式和原则。

（3）掌握建立业务关系函电所包括的主要内容。

二　实验内容与实验步骤

1. 实验内容

（1）通过指导教师所给的 IP 地址和登录账号、密码进入实习系统，并牢记这些信息，以便下次进入实习环境进行后续实验时再次使用。了解和熟悉软件的操作，熟悉仿真环境。归纳实习公司的基本经营信息，包括主营商品和目标市场。

（2）掌握撰写商务函电的格式和原则，然后，以卖方的身份撰写一封建立业务关系的函电，并通过系统提交潜在的买方。

2. 实验步骤

（学生实验时自己归纳）

三　实验环境

（1）网络环境：基于 Windows NT 的网络，使用 TCP/IP 协议。

（2）服务器配置：CPU PIII 以上，内存 256M 以上；Windows 2000 Server 操作系统。

（3）硬盘空间：同时供 100 人的实习规模，应有 250M 剩余空间。

（4）客户端配置：Internet Explorer 5.0 以上浏览器；MS Office 软件。

四　实验过程与分析

（1）实习公司经营状况。

（2）撰写建立业务关系的函电。

五　实验结果总结

（1）撰写建立业务关系的函电所应该包括的主要内容。

（2）学生自己认为值得总结的内容。

六　附录

实验二　出口报价核算

一　实验目的

（1）进一步熟悉仿真环境。

（2）根据所给模拟实验资料和环境，要求学生综合运用和掌握以下知识点，体会报价核算与贸易术语、采购成本与保险费之间的关系。

第一，主要贸易术语的含义和区别。

第二，掌握主要贸易术语的合同报价核算。

二 实验内容与实验步骤

1. 实验内容

（1）查询并归纳与报价核算有关的商品信息。

（2）归纳报价核算公式，写出有关贸易术语的报价核算过程。

2. 实验步骤

（学生实验时自己归纳）

三 实验环境

（省略，同实验一）

四 实验过程与分析

（1）与报价核算有关的商品信息。

（2）报价核算过程。

五 实验结果总结

六 附录

实验三 合同磋商

一 实验目的

（1）掌握国际贸易合同磋商的程序与内容。

（2）通过模拟交易磋商的基本程序，掌握询盘函、发盘函、还盘函和接受函的书写内容和方法，以及还价核算。

二 实验内容与实验步骤

1. 实验内容

（1）通过模拟交易系统所给的相关信息，根据发盘函的基本要求写一封报价信，详细回答客户询盘函中提出的问题，告知对方交易的基本条款，并敦促对方尽快决定。

（2）收到客户还盘后进行还价核算，然后，根据实习公司和客户还盘的具体要求撰写还盘函。

2. 实验步骤

（学生实验时自己归纳）

三 实验环境

（省略，同实验一）

四 实验过程与分析

（1）撰写发盘函。

（2）还价核算。

（3）撰写还盘函。

五 实验结果总结

六 附录

实验四 签订合同

一 实验目的

（1）掌握成交核算的方法，并比较与报价核算的异同。

（2）掌握货物贸易合同包括的主要条款和英文条款的撰写方法。

二　实验内容与实验步骤

1. 实验内容

（1）收到客户接受函后，仔细阅读，然后按成交价进行利润或利润率的计算。

（2）根据前面所进行的交易磋商，归纳和撰写本笔货物贸易合同包括的主要条款。

2. 实验步骤

（学生实验时自己归纳）

三　实验环境

（省略，同实验一）

四　实验过程与分析

（1）成交核算。
（2）签订合同。

五　实验结果总结

六　附录

实验五　修改信用证

一　实验目的

（1）掌握信用证的审核依据和审核方法。

（2）掌握撰写修改信用证函件的具体方法。

二　实验内容与实验步骤

1. 实验内容

（1）收到开证行开具的信用证后，依据所签订的货物买卖合同审核信用证，先用中文写出具体审核意见。

（2）根据审核意见，撰写英文改证函并发送给开证行，要求开证行对原信用证进行修改。

2. 实验步骤

（学生实验时自己归纳）

三　实验环境

（省略，同实验一）

四　实验过程与分析

（1）审核信用证。

（2）撰写改证函。

五　实验结果总结

六　附录

实验六　装运工作

一　实验目的

（1）掌握货物出口租船订舱手续和相关文件的填制。

（2）掌握海关出口报关手续和出口报关单的制作。

（3）掌握国际货物运输保险投保手续，以及投保文件和装船通知的作用。

二　实验内容与实验步骤

1. 实验内容

（1）卖方收到开证行的信用证修改书并确认无误后，应该向船公司订舱，制作订舱文件。

（2）出口商在订妥舱位、收到船公司的配舱回单后，就应该制作报关单，向海关办理出口货物的申报手续。

（3）根据信用证相关条款，在海关验讫放行后，出口商即可为出口货物办理货物的装运手续。同时，还要向保险公司办理投保手续，并向买方发出装船通知。

2. 实验步骤

（学生实验时自己归纳）

三　实验环境

（省略，同实验一）

四　实验过程与分析

（1）制作订舱文件。

（2）制作报关单。

（3）投保和发装船通知。

五　实验结果总结

六　附录

实验七　制单结汇

一　实验目的

（1）掌握不同出口单据的制作要求和方法。

（2）掌握不同出口单据的作用。

二　实验内容与实验步骤

1. 实验内容

根据不同出口单据的制作要求和方法以及国外开证银行开具的信用证和信用证修改书中的具体规定，缮制全套出口单据。所需要的相关空白单据可从模拟系统中下载。

2. 实验步骤

（学生实验时自己归纳）

三　实验环境

（省略，同实验一）

四　实验过程与分析

五　实验结果总结

六　附录

实验八 出口业务善后

一 实验目的

（1）出口业务善后。

（2）出口单证备案。

二 实验内容与实验步骤

1. 实验内容

（1）出口业务善后。根据开证行的结汇函电，写一封出口业务善后函给国外客户。

（2）出口单证备案。

2. 实验步骤

（省略，实验步骤详见国际贸易流程模拟操作系统操作十五中的具体要求）

三 实验环境

（省略，同实验一）

四 实验过程与分析

（1）给进口商发函。

（2）出口单证备案。

五 实验结果总结

六 附录

实验九　进口单据审核

一　实验目的

（1）掌握进口单据的审核依据和方法。

（2）掌握不同进口单据的内容。

二　实验内容与实验步骤

1. 实验内容

在这个实验中，学生需要转换一下身份，以进口商的身份，对业务反馈中所收到的信用证和有关单据进行审核，并提出具体的审单意见。

2. 实验步骤

（学生实验时自己归纳）

三　实验环境

（省略，同实验一）

四　实验过程与分析

五　实验结果总结

六　附录

第二篇　实验基础知识

第二章　出口流程

一　出口流程图

出口流程所涉及的当事人和环节比较多，是一项比较复杂的工作。我们可以用图 2 – 1 说明整个出口业务流程和各业务环节之间的关系。

出口流程的每一步都涉及不同的当事人，要完成不同的工作任务。下面就针对 CIF 贸易术语的出口流程进行详细讲解，以说明各个业务环节所涉及的具体当事人和必须完成的具体工作内容。

二　出口流程讲解

（一）做好交易前的准备工作

企业在确定了所要开拓的国际市场，选择开展出口贸易后，首先要做好以下两方面的工作，即出口市场的调研和组织并保证出口货源。

1. 出口市场调研

首先要明确市场和交易对象，即出口到哪个国家或地区，潜

```
                    ┌──────────────┐
                    │ 出口交易的    │
                    │ 准备工作      │
                    └──────┬───────┘
        ┌──────────────────┼──────────────────┐
   ┌────┴─────┐     ┌───────┴──────┐     ┌──────┴──────┐
   │目标市场调研│     │开发建立客户业务│     │ 保证出口货源 │
   └──────────┘     └───────┬──────┘     └─────────────┘
                    ┌───────┴──────┐
                    │ 贸易磋商、    │
                    │ 订立合同      │
                    └───────┬──────┘
                    ┌───────┴──────┐
                    │  履行合同     │
                    └───────┬──────┘
        ┌──────────────────┼──────────────────┐
   ┌────┴─────┐            │            ┌──────┴──────┐
   │  备货     ├────────────┼────────────┤催证、审证、改证│
   └────┬─────┘            │            └──────┬──────┘
   ┌────┴─────┐     ┌───────┴──────┐     ┌──────┴──────┐
   │ 申报出口  │     │  租船订舱     │     │   投保       │
   └────┬─────┘     └───────┬──────┘     └──────┬──────┘
   ┌──────────────┐  ┌──────┴──────┐
   │检验检疫局报检 ├──┤  托运报关    │
   └──────────────┘  └──────┬──────┘
        ┌──────────────┴──────────────┐
   ┌────┴─────┐                 ┌──────┴──────┐
   │ 装运通知  │                 │   装船       │
   └────┬─────┘                 └─────────────┘
                    ┌───────┴──────┐
                    │  制单结汇     │
                    └───────┬──────┘
                    ┌───────┴──────┐
                    │  出口核销     │
                    └───────┬──────┘
                    ┌───────┴──────┐
                    │  出口退税     │
                    └──────────────┘
```

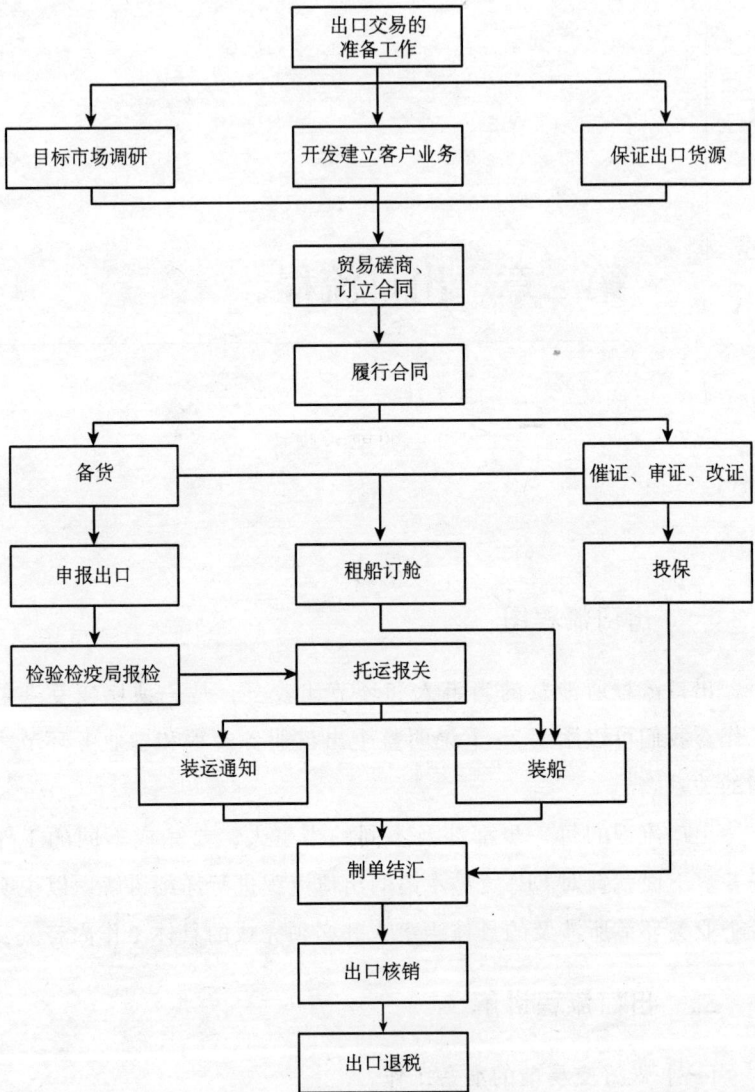

图 2 - 1　出口流程图

在的客户在哪里。企业要想使自己的产品出口有一个好的结果，就必须对市场有一个很好的了解和认识。下面以汽车和茶叶这两种商品的市场为例进行简要说明。

在中国，这几年汽车业无论是在生产方面，还是在国内外销售方面都有了很大的发展。要加入该行业的企业对此要有所了解。我国 2009 年累计生产汽车 1379.10 万辆，同比增加 48.3%；销售汽车 1364.48 万辆，同比增长 46.2%。产销量已居世界第一。受金融危机的影响，2009 年，我国汽车整车累计出口 33.24 万辆，同比下降 46%。其中乘用车出口 14.96 万辆，同比下降 57%；商用车出口 18.28 万辆，同比下降 32%。对未来中国汽车出口情况的基本预测是：2010 年将逐步回升，2011 年出口才能真正有所好转，但是要回到 2007 年水平还需要较长的一段时间。

2008 年，在台湾汽车市场的前六强中，中国大陆和日本的企业就占了五强，台湾汽车市场没有强势的台湾品牌。售价在 12 万元人民币以下的小排量车型销量约占市场总额的 30%，8 万元人民币以下的微型轿车市场基本上是空白。奇瑞汽车正是看到了这一市场机会，将其具有国际品质的小车奇瑞 A1 推向了台湾市场。另外，台湾是一个比较成熟、品位较高的市场。产品价格并不是主要的问题，只有产品的质量、服务及时跟上，才能开辟新市场。奇瑞 A1 日渐成熟的产品品质、国际标准的质保期限，正好符合台湾市场的要求。

俄罗斯是中国的主要汽车出口市场之一，但是，近年来出口环境恶化。自 2008 年 11 月开始，俄罗斯对进口汽车征收 15%、每部进口车身不得少于 5000 欧元的关税，2009 年再次提高汽车进口关税税率至 30%，这迫使长城汽车公司将惯用的 SKD（半成品组装）流程改为 CKD（散件组装）流程。SKD 流程指的是把车身、发动机等半散件运到俄罗斯，再在当地组装。CKD 流程指的是向俄罗斯出口汽车零件，再到俄罗斯国内进行组装。

2009 年底，力帆集团股份有限公司的出口状况出现好转。力帆汽车出口转好的主要原因是在越南、伊朗、俄罗斯、埃及等 7 个国家建立了 KD 生产工厂，另外，海外市场普遍认可了新产品 620和 320。基于对市场内外环境的分析，2010 年力帆集团股份有限公司为自己制定的出口目标是 2.5 万台，增幅超过 50%。

再以茶叶为例。我国茶叶出口到欧盟市场的可能性如何呢？通过对市场的分析，我们了解到，茶叶因其保健功能而备受欧盟各国人民的青睐，欧盟地区人均年茶叶消费量为 0.61 公斤，而欧盟大多数国家为非产茶国，因此可以把欧盟确立为目标市场。但是，需要注意的是，由于印度、斯里兰卡、肯尼亚、越南等主要产茶国土地和劳动力要素成本低廉，我茶叶出口的比较优势在减弱。

有了对销售市场的整体认识，就要确定具体的交易对象。在交易前，应对客户的资信情况进行全面调查，主要包括客户的财力和商业信誉。经过调查，最终要选择与资信状况良好、经营能力强的企业建立和发展客户关系。

2. 组织并保证出口货源

任何交易都不是一锤子买卖，为了企业的持续经营和发展，就要组织好并保证出口货源的供应。即使是单笔交易，为了顺利地完成货物交接，也必须保证出口货物的按时装运。

如果是非汽车生产企业要出口汽车，就要对目前中国的汽车生产企业的生产、出口规模，以及其生产和出口的具体汽车品种进行认真分析。

再以茶叶为例。我国是茶叶出口大国，有红茶、绿茶、花茶等品种，出口品种极为丰富，这就要求出口企业具有良好的货源组织能力。此外，自 2001 年起，欧盟对进口茶叶严格实行农药残留限量标准，而且检测项目不断增加，2007 年 3 月 7 日发布的茶叶农药残留操作性规范再一次提高了农药残留标准，更新后的欧盟及德国农药残留项目共计 227 项。因此，对于出口到欧盟地区的茶叶，出口企业在备货过程中要控制好农药残留的含量，及时采取有效措施。总之，在和客户签订出口合同之前，必须联系好质量有保证的货源，这样才能制订具体的茶叶出口经营方案，确保整个贸易合同的顺利进行。

（二）贸易磋商，订立合同

1. 贸易磋商

贸易磋商是指贸易双方就商品的品名与品质、数量、包装、价格、装运和支付方式等交易条件进行谈判。出口企业确定进口交易对象后，便开始进行一系列的贸易谈判，主要程序包括进口企业询盘、出口企业发盘、进口企业还盘、出口企业接受等。其中发盘和接受是达成交易必不可少的环节。

2. 订立合同

根据国际贸易的惯例，交易双方当事人经过一系列磋商达成一致意见后还要签订书面合同作为履约依据。进出口企业签订的合同主要涉及合同签订的时间、合同存在的条件、合同的具体内容和合同的具体方式等。

（三）合同的执行

1. 备货

《联合国国际货物销售合同公约》第35条第（1）款规定："卖方交付的货物必须和合同所规定的数量、质量和规格相一致，并要按照合同所规定的方式装箱或包装。"以茶叶为例，出口企业在备货的过程中必须审核茶叶的品种、质量、数量以及茶叶的包装和唛头（商标）是否符合合同和信用证的规定，还应保证备货的时间安排与合同规定的交货时间一致。

2. 信用证的落实

在执行以CIF信用证方式支付货款的合同时，信用证的落实是一个重要环节，特别是对于卖方来说，直接关系收汇及资金融通。为确保合同的顺利执行，出口企业应该催促进口企业尽快申请开立信用证，出口企业收到信用证后要及时核对信用证，如果有不妥的地方，要及时跟进口企业和开证行沟通，修改信用证。

（1）催证。催证即卖方催促买方及时办理开立信用证的手续。出口企业可以通过电话、电子邮件和传真等方式提醒对方。正常情况下，出口企业应该在货物装船前 15 天收到进口企业向银行开立的信用证。

（2）审证。信用证是依据合同的内容开立的，因此信用证的内容应该与合同中所列条款的内容一致。但在实践操作中，各种因素往往造成信用证与合同条款不相符。所以，根据现行的《跟单信用证统一惯例》的规定，由议付行和出口企业对信用证进行审核，以确保收汇安全，避免不必要的损失。在审证过程中，审查内容包括政策性内容和技术性内容。前者主要指是否符合国家政策，以及两国政府之间的各种协议规范。后者主要对以下内容进行审查。①开证行资信审查，即对开证银行进行资信评估，采取必要的措施来保证安全收汇。②信用证本身内容的审查，主要包括信用证的有效性，是否有附加生效条件以防范对方的"软条款"；信用证当事人的信息是否与合同中信息相符，以避免造成单据不能顺利完成；另外，还要查看信用证日期是否相符。③货物本身的审查，例如，核对茶叶的品名、规格、数量、包装、单价、贸易术语等是否与合同条款相符。④信用证金额及货币的审查，主要查看金额总额是否与合同金额一致、金额填写是否规范、货币币种是否与合同一致。⑤货物运输的审查，主要是对货物的装运日期、港口、唛头等进行审查。⑥单据审查，对单据的种类、数量、书写规范性等内容进行审查。

（3）改证。改证是对买方通过开证行已经开立的信用证中不当的地方进行妥善处理的行为。改证行为可以由双方任何一方提出，但必须征得对方同意后才能进行修改。

3. 报检

报检是指出口方为了把货物顺利交付给买方而向检验机构申

请办理检验检疫以获取合格证书的一个必要环节，其目的是保证出口商品的质量、维护交易双方的合法权益。

（1）报检范围。根据《中华人民共和国进出口商品检验法》（以下简称《商检法》）的规定，以下商品在出口或装运之前，必须经有关商检机构检验，通常是由中华人民共和国质量监督检验检疫总局（以下简称国家质检总局）和下属的各地出入境检验检疫局进行检验。

①《商检法》规定的被列入必须实施检验的进出口商品目录，即《出入境检验检疫机构实施检验检疫的进出境商品目录》的出口商品，这个目录每年可能会有调整。

国家质检总局于 2008 年 12 月 24 日发布关于调整《出入境检验检疫机构实施检验检疫的进出境商品目录（2009 年）》的公告，自 2009 年 1 月 1 日起施行调整后的目录，调出法定检验目录的商品包括工业原料、皮革制品、五金工具、小家电产品、部分石材等共计 647 个 10 位海关商品编码的商品；调入法定检验目录的商品包括婴幼儿及儿童服装、衬衣、睡衣、泳衣、家用电器、卫生器具等共计 357 个 10 位海关商品编码的商品。

2009 年 12 月 30 日，国家质检总局发布关于调整《出入境检验检疫机构实施检验检疫的进出境商品目录（2010 年）》的公告，自 2010 年 1 月 1 日起施行调整后的目录，取消了对"其他电力控制或分配装置"（海关商品编号：8537209000）、"其他磷酸及偏磷酸、焦磷酸"（海关商品编号：2809201900）的海关监管条件"A"，即不再实施进境检验检疫监管。新纳入实施进出境检验检疫监管的商品有食品级冰乙酸（海关商品编号：2915211100）和部分废物原料，共计 12 个海关商品编号。

列入法定检验检疫目录的进出境商品，必须经出入境检验检疫机构实施检验检疫和监管，进出口经营者必须持有出入境检验检疫机构签发的《入境货物通关单》或《出境货物通关单》，并向海关办理进出口手续。

以汽车为例，汽车是国家进出境法定检验的商品。2006 年 12 月 31 日，商务部、国家发改委、海关总署、国家质检总局、国家认监委关于规范汽车出口秩序的通知规定，出口汽车整车产品应当在生产地检验。

例如，电动汽车和其他无法区分排气量的载人车辆（海关商品编号：8703900010）"检验检疫类别"为"L. M/N"。

检验检疫类别目录项下的代码意思表示如下。

M：进口商品检验；

N：出口商品检验；

P：进境动植物、动植物产品检疫；

Q：出境动植物、动植物产品检疫；

R：进口食品卫生监督检验；

S：出口食品卫生监督检验；

L：入境民用商品认证。

②国际贸易合同规定的由商检机构检验并出具检验证书的商品。

③输入国政府规定必须经我国商检机构检验的出口商品。

④对外贸易当事人需要商检机构检验的商品。

⑤《中华人民共和国食品卫生法》、《进出境动植物检疫法》和《进出口食品标签管理办法》等法律和法规规定的商品。

⑥有关国际公约规定的商品。例如，进口商在办理毛坯钻石进境手续时，应向进境口岸出入境检验检疫机构提供由出口国政府主管机构签发的《金伯利进程毛坯钻石证书》正本及其他单证，经进境口岸检验检疫机构检验合格后签发《入境货物通关单》，并由进境口岸检验检疫机构按照规定对进境毛坯钻石实施检验。出口商在办理毛坯钻石出境手续时，应向出境口岸检验检疫机构提供非冲突钻石声明以及证明其出口的毛坯钻石合法性的有关资料，

经出境口岸检验检疫机构查验合格后签发《中华人民共和国金伯利进程毛坯钻石证书》和《出境货物通关单》，并由出境口岸检验检疫机构按照规定对出境毛坯钻石实施检验。金伯利进程国际证书制度是在联合国框架下建立的目的在于遏制非洲生产钻石的国家反政府武装以钻石换取武器企图颠覆当地合法政府的非法行为的一种国际证书制度。金伯利进程毛坯钻石国际证书制度的监管范围是归入协调编码制度7102.10、7102.21和7102.31的未经加工或经简单切割或部分抛光的毛坯钻石。

（2）报检机构及检验标准。

①报检机构。

a. 中国办理出口的官方检验机构（中国出入境检验检疫局以及国家质检总局下属的各地出入境检验检疫局）。

b. 中国检验认证（集团）有限公司（该公司是为满足国外客户要求民间机构出具证书的要求而成立的检验公司）。

c. 其他代理报检机构，也可以由制造厂商或出口商本身办理等。

②检验标准。商品的检验标准由交易双方在合同中约定的检验标准和国家法律法规所规定的强制性检验标准组成。依据《中华人民共和国进出口商品检验法》的规定，检验标准实行"从严检验"的原则。

a. 如果是国家未规定的商品，按贸易合同中的检验标准执行。

b. 如果国家对商品有强制性检验标准，或其他必须执行的检验标准，则按规定的标准实施检验。

c. 国家强制性规定的检验标准低于合同所规定检验标准的，按最高标准检验。

d. 如果没有其他规定标准的，按照生产国标准、国际标准或者国家检验机构指定标准检验。

例如，我国汽车出口的检验标准是：如果进口国法律法规不明确时，依据《进出口商品检验法》及其实施条例的有关规定，按照国家质检总局指定的相关标准进行检验。汽车安全性能检验要按国家有关汽车的安全环保等法律法规、强制性标准和《进出口汽车安全检验规程》（SN/T0792 - 1999）实施检验。《进出口汽车安全检验规程》规定了进出口汽车的安全检验项目、检验规则、检验内容、检验方法和判定。《进出口汽车品质检验规程》规定了进出口汽车的品质检验项目、抽样、检验方法及检验结果的判定等内容。

（3）报检所需主要单据。货物报检时一般需要备齐信用证、贸易合同、商业发票、出境货物报检单等。例如，我国汽车的法定检验是由检验检疫机构凭商务部授权的许可证发证机构签发的汽车整车产品出口许可证受理报检。如果进口国有准入的法律法规要求，必须提交进口国准入法律法规的证明。

（4）报检程序。商品报检程序在总体框架上区别不大，只是细节上有差别，而且差别较大。例如，汽车品质检验项目、条件、程序、方法和具体抽样方法就与茶叶出口的报检程序在具体细节上有很大的差异。有关汽车品质检验程序可参见《进出口汽车品质检验规程》。

另外，出口商品还可以申请出口免验。出口免验是国家为鼓励名优产品出口、提高中国商品和企业国际市场竞争力的一项重要举措，也是国家授予出口企业的最高质量荣誉，代表了行业最高水平。虽然出口免验审查要求高、标准严，但是一旦通过，企业相关产品出口时将免于检验，不仅可大大降低出口成本，而且可享受检验检疫通关便捷的措施，可直接通关。

中国重汽集团豪沃（HOWO）系列6×4牵引车一次性通过国家质检总局组织的出口免验资格审查，为其扩大出口创造了有利条件。

下面以茶叶出口的报检程序为例，详细说明检验流程（见图2-2）。

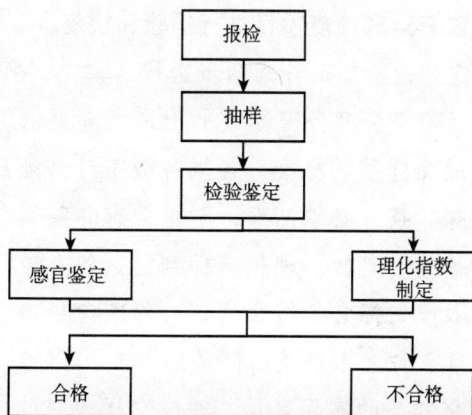

图 2-2　茶叶出口的报检程序

①报检。施检部门在检验检疫综合业务计算机管理系统中接到出口茶叶报检信息后，应及时进行接单、分单。施检人员接单后及时审核报检人提供的出口报检所需单证。出口报检单证应包括出口货物报检单、合同/信用证、发票、装箱单、标签审核证书、标签声明、出境货物运输包装性能检验结果单、目的港保函声明、厂检合格单和其他所需资料。审核单证是否完整、准确、清楚、齐全。若发现所提供的单证不齐或有差错，应及时通知出口企业报检人员予以纠正。施检人员到达现场后，首先应检查出口茶叶的存放地点是否符合要求，并按报检单证核查货物状况，包括包装、品名规格、唛头、批号、生产日期和数量等是否与报检单一致，若有疑问，应及时与出口企业联系。

②抽样。根据茶叶的不同包装形式和检验要求，按 SN/T0918-2000 标准规定的抽样要求进行抽样。所抽取的样品要有充分的代表性。从样品的采集至送抵实验室的整个过程不得有任何污染，以维护样品的真实性。样品采集后，施检人员应根据有关规定确定检验项目（包括包装、数量、重量、颗粒或条索、整碎、净度、

色泽、香气、滋味、嫩度、匀度、卫生及理化、微生物、农药残留、放射性元素等）和检疫项目进行检验和检疫。

③检验鉴定。检验鉴定分为两步进行。首先，感官指标判定。各类各级茶叶必须符合商务部制定的出口贸易最低标准样茶或出口合同规定的成交样茶的标准。各类各级茶叶必须品质正常，无劣变及其他异味。茶叶必须洁净，不得含有非茶类杂物。茶叶严禁着色或掺杂使假。其次，理化指标判定。各类茶叶的水分、灰分及粉末最高限量指标必须符合规定。碎茶含量参考指标是各类茶叶（秀眉、碎、片、末茶及压制茶除外）的碎茶含量不超过该标准样茶或成交样茶的实际含量。凭成交样成交的，其成交样必须由三方（出口企业、进口企业、检验检疫机构）共同签封，检验时感官指标中的整碎、净度、嫩度、匀度按成交样检验，其余指标仍参照该茶应具有的品质特征。

④结果。按照相关的标准（结合上述茶叶应具有的品质特征）、检验检疫规程或其他有关规定对检验检疫结果进行判定，对符合标准和要求的出具相应证单和放行章。对于首次检验检疫不合格的茶叶分以下几种情况处理。品质、包装不合格的可作一次返工整理（灰分不合格不能作返工处理，直接判定不合格）；检疫不合格的需要进行有效的加工除害处理；安全卫生不合格或检疫不合格又无有效处理办法的判为不合格，且不得返工，不得出境。

4. 租船订舱

以 CIF 价格条件成交的合同，在备货和信用证全部办妥后，卖方应该尽快办理租船订舱。首先，出口企业要选定船公司或者货运代理，办理托运手续，填写托运单。其次，选定的船公司或者货运代理依据货物的性质和数量、装运港、目的港和船期等因素，安排舱位，并向出口企业签发装运单。例如，我国对于汽车出口的口岸国家有规定，不可以任意选择。批量出口的汽车通常以滚装船运输为主，因此，并不是每个船公司都可以承揽汽车的运输。

目前，我国在汽车进出口运输方面的发展还比较落后。

5. 投保

以 CIF 价格条件成交的合同，出口企业应于货物装运前或者货交承运人前及时向保险公司办理投保手续，填制保险单，一般包括投保责任归属、投保金额、投保险别、投保条款依据等。在我国，投保形式一般采取逐笔投保。

6. 报关

报关是指出口货物装船出运前，出口人向海关申请办理货物出口的手续。属于法定检验的出口商品必须办理出口商品检验证书，海关才能放行。报关必须由持有报关员证书的专业人员去海关办理通关手续，同时还必须提交箱单、发票、报关委托书、出口结汇核销单、出口货物合同副本、出口商品检验证书等文本。

报关委托书是没有报关能力的单位或个人委托报关代理行进行报关的证明书。出口核销单是由出口单位到国家外汇管理局申领的，是取得出口退税的一种凭证。

出口货物报关的一般程序如图 2-3 所示。

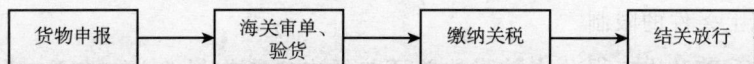

货物申报 → 海关审单、验货 → 缴纳关税 → 结关放行

图 2-3　出口货物报关程序

（1）货物申报。货物申报是指进出口货物的收发货人、受委托的报关企业，按照《中华人民共和国海关法》以及有关法律法规的要求，在规定的时间、地点，采用电子数据报关单和纸质报关单形式，向海关报告实际进出口货物的情况，并接受海关审核的行为，也称为"报关"、"通关"。出口企业在出口货物时，应具体由获得海关资格认证的报关员如实地在货物运抵海关监管区后、装货 24 小时前向海关申报。

出口报关应随附的单证通常包括合同、发票、装箱清单、载货清单（舱单）、提（运）单、代理报关授权委托协议、出口许可证件、检验证书和海关要求的加工贸易手册（纸质或电子数据的）以及其他进出口单证等。例如，对于汽车，我国海关凭商务部授权的出口许可证发证机构签发的汽车整车产品出口许可证和检验检疫机构签发的《出境货物通关单》办理汽车整车产品的出口验放。

国家规定申领汽车整车产品出口许可证的企业应具备以下条件。如果是汽车生产企业，应该是列入国家发改委《车辆生产企业及产品公告》的企业，通过国家强制性产品认证（CCC 认证）且持续有效，具备与出口汽车保有量相适应的维修服务能力，在主要出口市场建立了较完善的销售服务体系。如果是出口经营企业（含汽车企业集团所属的进出口公司），则应获得符合出口条件的汽车生产企业的出口授权，并根据授权出口该企业的产品，出口经营企业与汽车生产企业应在授权书中约定共同承担出口产品的质量保证、售后服务等连带法律责任。设在出口加工区内、经国家批准的产品全部出口的汽车生产企业（独立法人企业）不受以上条件的限制。

茶叶出口报关应随附的单证包括出口货物报关单、发票、装箱单、提单、装运单、植物检疫检验证书等。2006 年以前，国家对茶叶出口采取出口配额许可证管理，所以茶叶出口报关还要申领出口许可证，现在已取消这一规定。

通常，报关员在填制报关单时要通过海关总署公布的以下代码表查明填表信息：监管方式代码表、征免性质代码表、国别（地区）代码表、国内地区代码表、关区代码表、币制代码表、计量单位代码表、企业性质代码表、地区性质代码表、成交方式代码表、用途代码表、结汇方式代码表、运输方式代码表、征减免税方式代码表和监管证件代码表等。

（2）海关审单、验货。海关依据出口企业提交的出口货物报关单，对出口货物进行实际的核对、审查，确定出口货物与申报内容是否相符。

海关对申报的电子报关单数据实行集中审单制度。海关审单中心收到报关单电子数据后，计算机系统首先对报关企业和报关员的资格进行确认，然后进入计算机自动审核程序。如果报关单电子数据通过了规范性审核，计算机会自动接受申报。

专业化审单，也称人工审单，是以商品分类为基础，依靠各职能部门提供的支持和自身的专业化优势，借助信息化作业平台，对经电子审单环节分拨到审单中心和审单中心自主决定审核的报关单电子数据进行人工专业化审核的作业过程。

报关单通过电子审核或专业化审核后，发货人即可备齐相关的纸质单证到海关现场交单。然后，海关人员会对发货人提交的书面报关单及其随附的相关单证进行单单相符的审核和单机核对，即具体审核随附单证内容与报关单填制内容是否相符、报关单电子数据与纸质报关单填制内容是否相符等。

海关在查验货物时，出口货物的发货人或其代理人应当到场，按照海关的要求负责搬移货物、开拆和重封货物的包装等。另外，还要按海关的要求，提供查验货物所需的单证，回答海关人员提出的相关问题。

海关到监管区外查验货物，收取费用的标准是：每一个关员每一工作日按 50 元人民币收取，每一工作日按 8 小时计算，不足 4 小时的按半日计算；不足 8 小时、超过 4 小时的，则按一个工作日计算；如遇国家法定的节假日则加倍征收，每次查验由 2 名以上海关关员共同实施。

（3）缴纳关税。报关单电子数据经过判别后，再交由海关现场进行接单审核、征收税费处理。经专业化审核通过后，系统自动完成计征税费程序处理。海关关员对报关单、随附单证及货物查验结果审核无误后，打印、签发各类税费专用缴款书。出口货物发货人持海关签发的税费专用缴款书到银行缴纳税费，并将银行的缴款回执交还海关。另外，绝大多数出口货物都不需要缴纳关税，因此，这一步对进口货物来说更重要。

（4）结关放行。经过审查报关单据、查验货物，确定单、证、货相符后，海关在装运单上签盖海关放行章，货物即可装船。海关对货物的监管至此结束。

为了贸易的便利化，企业也可以享受便捷通关。便捷通关的主要措施包括提前报关、联网报关、担保验放、加急通关、快速转关、上门验放、加工贸易联网等七项。

无纸通关是利用现代海关业务信息化管理及中国电子口岸系统，改变传统的进出口企业向海关递交书面报关单及随附单证办理通关手续的做法，直接对企业联网申报的进出口货物报关电子数据进行无纸审核、验放处理的通关方式。

7. 装运

货物在经过海关查验放行后方可装船。在装船过程中，托运人或委托人应该现场监督，处理在此过程中出现的问题，确保装船的顺利完成。货物装船后，由船长或大副签发收货单。最后，备齐海运单据后，出口企业凭收货单交付运费换取正式的提货单，并向买方发出装船通知。

目前，中国出口到俄罗斯的汽车大部分是通过铁路运输的。中国出口到俄罗斯的部分汽车是先到芬兰港口，然后再通过下一步的汽车运输经过边境口岸进入俄罗斯。

集装箱汽车运输的市场份额不大，40英尺的集装箱能装载2～4辆汽车，汽车运输主要采取滚装船运输。

8. 制单结汇

当卖方将货物装船运出之后，出口企业的相关部门（以财务部门为主）需要按照信用证的要求，制作完成各种单据，在规定的期限内，由相关银行办理付款、承兑或议付等手续。由于以信用证的方式成交，其单据是否符合信用证的规定对能否顺利结汇有直接影响。所以，正确制作单据也是履行出口合同的一个重要环节。

出口制单的基本要求是在符合法律法规的规定和有关商业惯例的前提下，原则上做到完整、正确、及时、简洁和清晰。常见的必备单据包括汇票、商业发票、提货单、装箱单、保险单、原产地证明、商检证书和包装单据等。单据的制作方式和制作时的注意事项详见单据缮制方法一章的内容。

信用证项下的出口单据经银行审核无误后，银行按信用证规定的付汇条件，将外汇结付给出口企业。出口结汇一般分为收妥结汇和出口押汇两种。

收妥结汇又称收妥付款，是指国内银行收到出口公司备齐的各种单据后，进行审核，审核无误后再将单据寄交开证银行，如果有偿付银行则将单据寄交偿付银行。开证银行审核无误后，立即付款或授权偿付银行对国内银行付款。国内银行收到开证银行（或偿付银行）将货款拨入国内银行账户的贷记通知书后，立即将货款结算给出口企业。

出口押汇是当出口商把备齐的单据交给银行后，银行根据出口商的资信程度和当天的汇率，将货款的90%（通常押汇金额最高为汇票金额的90%）提前支付给出口商。等进口商把钱还给银行后，银行会通知出口商，将货款剩余的10%，减去90%货款的利息和一些手续费等支付给出口商。即期信用证的押汇利息＝（押汇金额×押汇利率×押汇天数）/360天。这里的押汇天数通常是日本、韩国、新加坡、马来西亚15天；欧洲各国、美国、加拿大、澳大利亚、新西兰20天；西亚各国、中南美洲各国、非洲各国25天；其他国家或地区30天。

9. 出口收汇核销

出口收汇核销是以出口货物的价值为标准核对是否有相应的外汇收回国内的一种事后管理措施。出口收汇核销流程，可以登录国家外汇管理局网站进行查询，详见经常项目外汇业务操作指南。即期出口项下，企业应当在出口收汇后凭核销单、报关单、出口收汇核销专用联到外汇局办理出口收汇核销手续；远期出口项下，企业应当在合同规定收汇日收汇后持上述材料到外汇管理局办理出口收汇核销手续。企业可按月集中到外汇管理局办理核销手续。

出口收汇核销单是由国家外汇管理局统一管理，各分支局核发，出口单位凭此向海关办理出口报关、向银行办理出口收汇、向外汇管理机关办理出口收汇核销、向税务机关办理出口退税申报的有统一编号的重要凭证。出口收汇核销单都有统一编号。

出口单位在开始履行出口合同时，就应当根据实际业务的需要，先通过"中国电子口岸出口收汇系统"向外汇管理局提出领取核销单的申请，然后凭本企业操作员的 IC 卡及其他规定的凭证到外汇管理局领取核销单。外汇管理局根据出口单位申请的核销单份数和出口收汇核销考核等级向出口单位发放核销单，并将核销单电子底账数据传送至"中国电子口岸"数据中心。

出口单位在核销单正式使用前，应当加盖单位名称及组织机构代码条形章，并在骑缝处加盖单位公章。

出口收汇核销业务的具体流程如下。（1）出口单位到商务部或其委托的机构办理备案登记，取得对外贸易经营权。（2）出口单位到海关办理"中国电子口岸"入网手续，并到有关部门办理"中国电子口岸"企业法人 IC 卡和"中国电子口岸"企业操作员 IC 卡电子认证手续。（3）出口单位持有关材料到注册所在地外汇管理局办理核销备案登记，外汇管理局审核无误后，为出口单位办理登记手续，建立出口单位电子档案信息。（4）出口单位通过

"中国电子口岸出口收汇系统"在网上向外汇管理局申领出口收汇核销单。(5)出口单位凭操作员 IC 卡、出口合同(首次申领时提供)到注册所在地外汇管理局申领纸质核销单。(6)出口单位报关前通过"中国电子口岸出口收汇系统"在网上向报关地海关进行出口核销单的口岸备案。(7)出口单位出口报关。(8)出口单位报关出口后通过"中国电子口岸出口收汇系统"将已用于出口报关的核销单向外汇管理局交单。(9)出口单位在银行办理出口收汇后,到外汇管理局办理出口收汇核销手续。

目前,核销的期限应该是报关出口后 180 天内。如果 180 天内没有及时收汇,就会影响退税申报,只能视为内销征税,因此及时收汇、催汇也是相当重要的。

我国 2009 年实施跨境贸易人民币结算试点后,企业出口业务以人民币作为结算货币的,不用再提供出口收汇核销单。

10. 出口退税

出口退税是将出口货物在国内生产和流通过程中已经缴纳的间接税予以退还的政府行为。我国出口退税政策会随外部经济环境的变化而进行调整。例如,自 2009 年 6 月 1 日起,我国茶叶的出口退税率由原来的 13% 升至 15%。我国茶叶出口毛利率通常为 5%～8%,茶叶出口退税率提高 2 个百分点这一政策,可为茶叶出口企业提高 30%～50% 的纯利润。可见对于茶叶出口来说,出口退税也是必不可少的一个环节。

出口企业在完成发货、收汇及核销手续以后应向当地国家税务局申请出口退税,并提供相应的单据,如出口货物报关单、出口结汇单、出口收汇核销单、出口销售发票和出口购货发票等。

2009 年,海南省成为试行全部出口企业申报出口退税免予提供纸质出口收汇核销单的省份。全部出口企业在进行出口退税申报时,不再需要提供纸质的出口收汇核销单。这一措施旨在依托数据共享的信息技术,进一步优化简化办税流程,简并纳税人报送的报表资料，从而进一步提升办税效率，减轻纳税人的办税负担。

出口退税率可以通过国家税务总局的网站进行查询，例如，每台汽车起重机底盘（有发动机的）商品编码为 8706004000，退税率为 17.0%。

企业通常是由财务部门的会计人员去办理出口退税。出口退税具体流程包括出口退税登记、申报、受理、审核和税款退付。申报还可以通过远程预申报。

（1）出口退税登记。出口企业在获准具有进出口经营权之日起 30 日内，必须持商务部及其授权单位批准企业出口经营权的批件、工商营业执照副本、税务登记证副本等相关证件到企业所在地主管退税机关办理出口退税登记手续。具体出口退税登记手续包括：填写出口退税登记表，交主管退税机关审核；办理出口退税登记证；提交出口办税员（专职或兼职）的有关资料，交由主管退税机关考核，领取《办税员证》。出口企业只有在领取了出口退税登记证明后，才具有办理出口退税的权利和资格。

（2）出口退税的申报。出口退税的申报必须在出口货物实际离境后。外贸企业在货物报关出口之日（以出口货物报关单，即出口退税专用联上注明的出口日期为准）起 90 天内必须办理出口退税申报手续，生产企业在货物报关出口之日起 3 个月后的免抵退税申报期内必须办理免抵税申报手续。

外贸企业在申报时，应提供两份《外贸企业出口退税进货明细申报表》，两份《外贸企业出口退税出口明细申报表》，两份《外贸企业出口退税汇总申报表》。

外贸企业在申报时，还应提供其他的资料，如出口货物退（免）税正式申报电子数据；购进出口货物的增值税专用发票（抵扣联）或增值税专用发票分批申报单；加盖海关验讫章的出口货物报关单（出口退税专用）；加盖外汇管理部门已收汇核销章的出口收汇核销单（出口退税专用）（准予在180天内提交出口收汇核销单的，可在规定的时间内提交）或远期收汇证明（进行外汇管理改革的试点地区企业申报时不需提供纸质核销单）；消费税税收缴款书（出口货物专用）或出口货物完税分割单（出口消费税应税货物的提供）；代理出口货物证明和代理出口协议（委托代理出口业务的提供）。

（3）出口退税的受理和审核。如果出口企业提供的资料完整、填写内容准确、各项手续齐全，税务主管部门必须当即予以受理，并在2个工作日内转下一环节。对于单证齐全真实、电子信息核对无误的，在20个工作日内办完退税审核和审批手续。

（4）出口退税的审核。首先税务主管部门对出口企业申报的出口退（免）税资料进行初审，如果提供的申报资料准确、纸质凭证齐全，则接受该笔出口货物的退（免）税申报，制作回执交给申报人。

税务主管部门的审核方式分人工审核和计算机审核。税务主管部门进行人工审核主要是对申报凭证、资料的合法性、准确性，以及申报数据之间的逻辑对应关系进行审查。税务主管部门在人工审核后，再进行计算机审核。计算机审核主要是对企业申报出口货物退（免）税提供的电子数据、凭证、资料以及国家有关部门之间传递的出口货物报关单、出口收汇核销单、代理出口证明、增值税专用发票、消费税税收（出口货物专用）缴款书等电子信息进行核对。

（5）税款退付。通常生产企业可在退税申报的次月初，到税务主管部门征收大厅退税窗口领取"生产企业出口货物免抵退税审批通知单"，并根据通知单内容，进行相关财务处理。在办理完出口退税税款到账之后，及时到征收大厅退税窗口领取"收入退还书"。如果在出口货物报关之日后的90天内由于某些特殊原因无法按时申报出口退税，则须提前办理"退税延期申报"备案。

如果延期备案成功，则可以推迟出口退税申报。以人民币作为结算货币时，办理退税时不用再提供出口收汇核销单。

11. 单证备案

退税申报后，最好及时进行单证备案，通常包括的单证有单证备案明细表、提单、托运单、场站收据、购货合同、报关单复印件和出口明细表等，然后外加封皮装订成册。至此，整个出口流程结束。

第三章　进口流程

一　进口流程图

进口流程所涉及的当事人和环节与出口流程所涉及的有很多都是相同的，也是一项比较复杂的工作。只是由于货物的流向与出口正好相反，因此，各环节要处理的工作内容和程序也会有所不同。图 3 – 1 可以说明整个进口业务流程和各业务环节之间的关系。

二　进口流程讲解

以我国汽车进口企业以 FOB 方式进口为例进行进口流程的详细讲解。

（一）交易前的准备工作

1. 进口市场需求状况分析

在对拟进口产品国内市场需求情况和国外出口商资信情况调查研究的基础上，经过分析比较，选择适当的采购市场和供货对象。以中国汽车市场为例，中国汽车市场发展很快，但是高档汽车的生产能力还很薄弱。进口汽车主要满足国内对高档汽车的消费。2009

年，进口 SUV 同比增长近 30%，在进口车型中增幅最大。

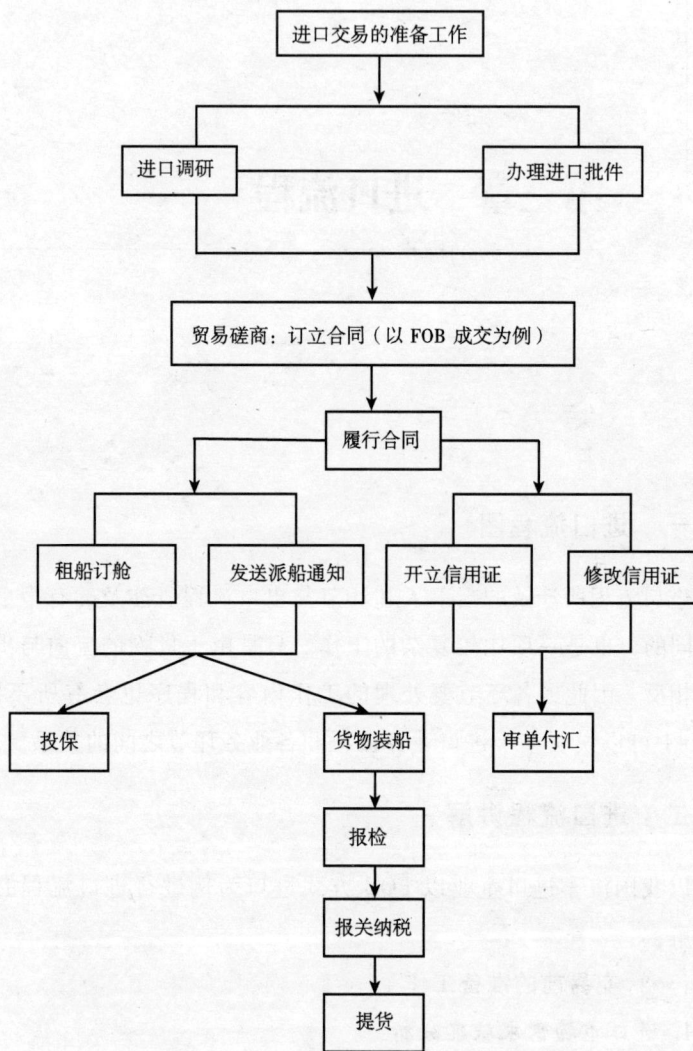

```
            ┌──────────────────┐
            │  进口交易的准备工作  │
            └──────────────────┘
      ┌─────────────┬─────────────┐
  ┌────────┐                  ┌──────────┐
  │ 进口调研 │──────────────────│ 办理进口批件 │
  └────────┘                  └──────────┘
      └─────────────┬─────────────┘
      ┌────────────────────────────────┐
      │ 贸易磋商：订立合同（以 FOB 成交为例）  │
      └────────────────────────────────┘
                   ┌──────────┐
                   │  履行合同  │
                   └──────────┘
   ┌──────────┬──────────┬──────────┬──────────┐
 ┌──────┐  ┌──────────┐  ┌────────┐  ┌────────┐
 │ 租船订舱│  │ 发送派船通知│  │ 开立信用证│  │ 修改信用证│
 └──────┘  └──────────┘  └────────┘  └────────┘
 ┌──────┐  ┌────────┐          ┌────────┐
 │  投保 │  │ 货物装船 │          │ 审单付汇 │
 └──────┘  └────────┘          └────────┘
            ┌──────┐
            │  报检 │
            └──────┘
            ┌────────┐
            │ 报关纳税 │
            └────────┘
            ┌──────┐
            │  提货 │
            └──────┘
```

图 3-1　进口业务流程

2. 进口政策调查和分析

任何一个国家对进口的限制都很复杂，有关税和非关税的限制，而且这些政策还经常调整，因此，企业必须对此有深入了解。例如，2009 年 9 月 1 日起，我国停止施行有关"构成整车特征"的汽车零部件征税政策，即有关"进口等于或超过整车价值 60% 的零部件，征收与整车相同的关税"的政策被取消。这意味着目前中外合资的汽车企业以散件组装方式在中国生产整车将不再受限制，进口汽车零部件将统一按 10% 征收关税。而这一国家汽车进口政策的变动可能带来的影响是，部分目前在中国销售的豪华汽车的价格，今后可能会因成本的降低而更低；部分尚未引进的豪华车也可能加快它们进入中国市场的脚步。

对企业经营政策的影响使得某些合资汽车企业为了提高市场竞争力，会把目前的全车进口车型（其关税是 25%）改为先进口零部件再到中国组装生产的方式，这样在其净车价的基础上计算出的消费税和购置税等费用也都会下降，因而通过散件组装的大排量乘用车的成本会大幅度下降。

目前，我国对汽车产品实施自动进口许可管理，具体工作由商务部负责。进口汽车产品要严格按照《汽车品牌销售管理实施办法》和《汽车产品自动进口许可证签发管理实施细则》执行。申请汽车产品"自动进口许可证"可通过计算机网络，也可以以书面形式向发证机构提出申请。申请材料须经地方和部门机电产品进出口办公室核实。他们收到齐备的申请材料后，应当立即核实，最长不超过 3 个工作日。核实后将申请材料递交商务部。商务部在收到内容正确、形式完备的申请后，应当立即签发《自动进口许可证》；在特殊情况下，最长不超过 10 个工作日。汽车产品《自动进口许可证》有效期为 6 个月，且仅在本公历年度内有效。

我国禁止以任何贸易方式和捐赠方式进口右置方向盘汽车。保税区不得再存放以进入国内市场为目的的进口汽车。

在中国，汽车产品（指整车及底盘，包括半挂车）、摩托车产品、摩托车发动机产品、汽车安全带产品属于强制产品认证的范围，因此要符合国家《强制性产品认证管理规定》，并到指定的认证中心——中国汽车认证中心进行认证，如果是消防车则要到公安部消防产品合格评定中心进行认证。另外，对确因特殊用途或特殊原因而未获得强制性产品认证（3C 认证）的小批量用于生产和生活消费的进口产品，可以依照《免于强制性产品认证的特殊用途进口产品检测处理程序》进行处理。

（二）贸易磋商，订立合同

进口交易磋商和订立合同的做法与出口基本相同，但要做好价格比较工作，争取以对我方有利的价格签订合同。进口汽车一定要签订书面合同，对要购买的车辆名称、规格、型号以及内装备、性能都要有具体的规定和要求。

（三）合同的执行

1. 申办汽车产品自动进口许可证的程序

（1）进口用户通过中国国际招标网（http：//www. chinabid-ding. com），下载带有批准编号的机电产品进口申请表两份，如有附表，也相应提交一式两份（均加盖单位公章）。

（2）提交进口商和进口用户营业执照、进口商进出口的资格证书或者对外贸易经营者备案登记表，如果是外商投资企业，则提供外商投资批准证书及营业执照（以上均为加盖公章的复印件，一式两份）。

（3）提交进口订货合同。

（4）如果属于招标的机电产品，进口用户提供书面进口申请，说明企业情况及进口理由（一式两份）；进口用户依据《国际招标评标结果通知》中所列中标产品、数量、金额、原产地等项目，进行网上申请（须注明招标编号）；提供《国际招标评标结果通知》复印件，并加盖进口用户公章（一式两份）。

2. 开立和修改信用证

（1）开立信用证的程序。

```
┌─────────┐   ┌─────────┐   ┌─────────┐   ┌─────────┐
│ 填写开证 │──▶│提交合同副本│──▶│缴纳押金及│──▶│ 开证行  │
│ 申请书   │   │及相关附件 │   │开证手续费│   │ 审证开证 │
└─────────┘   └─────────┘   └─────────┘   └─────────┘
```

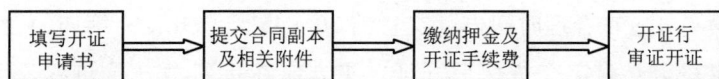

①填写开证申请书。进口合同签订后，买方应该按照合同规定填写开证申请书，向银行申请开立信用证。填写开证申请书是申请开立信用证过程中最重要的工作，因此买方应严格按照合同规定的各项内容完整、明确地填写。

②提交合同副本及相关附件。买方向银行申请开立信用证时，还要向银行提交合同副本及相关的附件，如进口许可证等。如果买方是第一次申请开证，还需要提供营业执照副本及企业有权从事外贸经营活动的文件原件等。

③缴纳押金及开证手续费。按照国际惯例，买方向银行申请开立信用证时，除了要支付一定金额的手续费外，还应缴纳一定比例的押金或抵押品。

④开证行审证、开证。开证行在收到买方提交的开证申请书后，会立即对其内容以及买方的资信状况进行审核，审核无误并确保收到买方缴纳的押金和开证费用后，即向信用证受益人开出信用证。

（2）开证注意事项。

①信用证内容完整、文字明确。信用证的内容包括受益人名称、地址，信用证的性质、金额，汇票内容，货物的品名、规格、数量、包装，运输条件，所需单据种类和份数，信用证的交单期、到期日和地点，以及信用证通知方式等。信用证的文字力求明确，不能含混不清，避免使用"约"、"近似"等词。

②按时开证。买方的开证时间应按合同规定办理。一般有以下几种情况。第一，合同规定了开证日期，买方应在规定期限内及时开证；第二，合同只规定了装运的起止日期，买方应保证受

益人在装运期开始前收到信用证；第三，合同只规定最迟装运日期，买方应在合理时间内（交货前 30～45 天）开证；第四，合同规定在卖方确定交货期后开证，买方应在接到卖方通知后开证；第五，合同规定在卖方领到出口许可证及支付履约保证金后开证，买方应在收到对方已领到出口许可证的通知，或收到保证金后开证。

③修改信用证。买方的改证费用较高，应避免不必要的修改，但如果卖方提出的改证理由充分合理，则应同意改证。最常见的修改内容有延展装运期和信用证有效期、变更装运港口等。

3. 进口货物运输

（1）租船订舱。以 FOB 成交的进口合同，应由买方负责租船或订舱。一般卖方会在交货期前的一定时间内，将货物的待装日期通知买方，接到该通知后，买方根据货物的情况，选择外贸运输公司办理或者自行办理租船手续。

除《中华人民共和国进出口税则》货品名称为手扶拖拉机（87011000）、履带式牵引车与拖拉机（87013000）、轮式拖拉机（87019011）、其他拖拉机（87019019）、其他牵引车（87019090）、雪地行走专用车及高尔夫球车（87031000）、非公路用电动轮货运自卸车（87041030）的整车外，对列入四位税则号 8701－8706 和 8716 的汽车以及 8429 的轮式自行机械整车，国家实行指定进口口岸管理，大连新港、天津新港、上海港、黄埔港四个沿海港口和满洲里、深圳（皇岗）两个陆地口岸，以及新疆阿拉山口口岸（进口新疆维吾尔自治区自用、原产地为独联体国家的汽车整车）为整车进口口岸。不得在其他口岸报关进口。

上海口岸唯一的汽车滚装船码头是海通汽车滚装船码头，位于上海外高桥港区。

汽车关键件、零部件进口不实行指定进口口岸管理。汽车生产企业进口全散件（CKD）或半散件（SKD）的，可在国家指定汽车进口口岸外的企业所在地海关办理报关。

欧洲汽车大多数都是通过海上运输到中国的，目前也有通过铁路运输的。例如，以往宝马汽车公司都是通过海上运输整车到中国，而 2009 年奥地利维也纳远东陆桥有限公司（一家以集装箱为载体的铁路运输公司），先后分两批次运输了 4 部轿车进入我国满洲里铁路口岸。

整车进口的国际集装箱化运输在运输速度、安全性和易操作性等方面，目前虽然优于滚装船运输，也有利于汽车生产的分批经营和连续小批量送到市场上销售，但是在全球海运市场上，由于整车国际集装箱化运输成本高于滚装船运输，所以仍然没有成为整车运输的主流方式。整车进出口主要采取滚装船运输。例如，2009 年，780 辆哈飞微型货车在大连港乘 5.4 万吨的利比里亚籍"诺迪克精神"号汽车滚装船出口叙利亚。

黄埔港的新沙港已开通了广州至意大利的利沃诺、比利时根特、西班牙桑坦德、南非多哥等多条滚装汽车国际航线。

（2）发出派船通知。买方办妥租船订舱手续后，应及时将船名及船期通知卖方，以便卖方备货装船，避免出现船等货的情况。

4. 投保

以 FOB 成交的合同，买方要承担货物在装运港越过船舷后的一切费用和风险，因此在收到卖方装船通知后要及时办理投保。为简化手续、防止漏保，可采用预约保险，即买方与保险公司签订进口货物预约保险合同。投保后，保险公司承担进口货物的保险责任。买方通常应该投保一切险，因为新车属于价值较高、遭受损失因素也较多的货物。如果是旧汽车、五金板、钢管、线材或旧机床，只投水渍险就可以了。

5. 审单付汇

在进口贸易中，审单结汇能否顺利完成直接关系货物能否顺利交接，促成交易。一般买方或其指定银行收到卖方的单据后，要对单据进行认真审核，确认无误后，才会履行付款责任。如果发现单证不一致或单单不一致，应视不同情况进行相应的处理。

（1）审单。

①审核人。开证行或保兑行审单。开证行或保兑行在收到单据后，必须对信用证及相关内容进行认真审核，确定所开单据种类、份数齐全，内容准确无误。

进口商复审。开证行在收到卖方寄来的单据并审核无误后，将全套单据交送买方，买方以商业发票为中心，将其他单据与之对照，审核单单是否一致。

②审单期限。为了保证审单的及时性，根据现行的《跟单信用证统一惯例》的规定，开证行或保兑行（如有）或其他代理行须在收到单据次日起5个银行工作日内审核单据，以决定接受或拒绝单据。

③审核依据。一般根据 UCP 600 及《国际标准银行实务》的原则进行审单，严格遵守"单单相符"、"单证一致"原则。

④对单据不合格的处理。开证行或买方在审核单据时，若发现不符，应进行相应处理。如果买方愿意接受的，征得其同意后，可直接付款。如果买方或开证行认为有不符点需要改正的，则按照不符点的严重程度，及时与卖方协商进行相应的处理，一般可以采取以下几种方式。第一，要求卖方更正单据后再付款。第二，要求卖方银行进行书面担保后付款或货到付款。第三，拒绝接受单据，但必须在规定期限内通知对方，并列明之所以拒收单据的不符点，还必须说明单据的处理方式是代为保管、听候交单处理，还是退回交单人。

（2）付款。买方对单据进行复审后，如果没有异议，开证行就按合同规定履行付款。根据 UCP 600 及《国际标准银行实务》的规定，开证行、保兑行（如有）一经履行付款、承兑或到期付款责任，不能追索或撤销。

当然，进口支付也可采用付款或承兑托收。无论是进口信用证，还是进口托收，进口商凭有效凭证和商业单据可向银行申请为进口商先行对外垫付进口款项，从而得到短期资金的融通。这种短期融资和支付方式相结合的运作方式就是进口押汇。进口押汇按结算方式分为进口信用证押汇和进口托收押汇；按押汇的币种又可分为外币押汇和人民币押汇。

6. 报检

属于《出入境检验检疫机构实施检验检疫的进出境商品目录》的商品，进口时需要提交检验检疫机构签发的《入境货物通关单》。未经检验的，不准销售，也不准使用。报检程序与出口报检相似。进口汽车的检验项目通常包括安全标志核查、规格、型号、数量、外观质量、随车工具、技术文件和配件等，另外还包括依法对进口汽车实施环保、安全性能和品质检验。2006 年，广东口岸检验出日本丰田"雷克萨斯" RX 350 越野车有 832 辆后座塔形弹簧下支座与后轮的间距明显过小，无法正确安装防滑链，并且随附的说明书中存在 60 多处错误；还检验出 216 辆韩国现代"美佳"汽车的发动机存在氧传感器导线未固定在固定卡座上的问题，使氧传感器导线与空调散热扇叶片之间产生运动干涉，容易造成电路短路甚至火灾等安全问题等。

目前，上海口岸对汽车的入境检验已经可以在车辆下船后移动至码头堆场的必经通道上完成，另外，现场检验和上线检测工作在车辆移动至码头堆场后也可以立即完成。办公室的检验员收到驻站检验员发来的检测数据后即可出具检验证书。

7. 报关纳税

进口报关的业务流程类似出口报关，只是具体细节，如适用的关税和非关税措施等方面略有不同。例如，汽车起重机底盘（87060040）进口税率分优惠税率和普通税率，优惠税率为

20%，普通税率为100%，增值税为17%。进口汽车属于《自动进口许可管理货物目录》的货物，进口经营者应当在向海关申报前，向商务部授权的自动进口许可证发证机构申请办理自动进口许可证。海关凭加盖"自动进口许可证专用章"或"机电产品自动进口许可证专用章"的《自动进口许可证》办理报关手续。

进口商得到国外客户的正本提单、发票、箱单后，如果是从韩国和日本进口的货物，还必须有非木质包装证明，再拿正本提单到船公司去换提货单（也称小提单、舱单）。舱单上面载有买方公司进口货物的详细的船务信息，然后进行报关。如果是属于法检目录中的商品，还需要取得商检证书。汽车就属于这类商品。

具体报关程序是：报关员持相关国际运输公司填制的报关信息到录入公司进行预录入；然后向主管海关审单中心发送报关信息，由海关审单中心通过网络对录入的报关信息进行审核，并给予回复，这时报关员可以在计算机上对审单情况进行查询；如果录入的报关单成功通过审核，就可以打印海关统一的正式报关单，这是一份贸易进口付汇核销单（代申报单）；报关员拿着打印好的报关单和所有海关要求备齐的、符合申报规定的单证，去海关集中监管库区的报关大厅，将报关单放到报关大厅的指定位置，等待海关通关科审单关员的审核；海关关员对报关单进行审核后，加盖单证审核章，并根据相关规定出具税单；报关员在对税单进行核算后到报关大厅旁的中国银行业务场所办理交税手续，进行税款结算；把经银行确认交款完毕的税单交给海关进行核销；这时就进入了放行环节，报关员要在报关大厅等待海关的最终审核结果；如果海关认为该票货物不用查验则可以加盖放行章直接放行，如果海关对报关单审核完毕并对这票货物开出了查验通知单，这就意味着海关要对此票货物进行现场查验，则报关员要到海关查验科，这里的关员首先要对查验通知单进行登记，随后有两名关员跟随报关员到国际运输公司的监管仓库，对货物进行开箱查验，这时两名关员对照报关单对货物进行逐项核对，查验结束后，如果没有发现问题，海关关员会在报关单上加盖放行章；报关员将报关单交给仓库管理员，货主就可以提货了。

进口汽车所纳关税主要包括关税、消费税和增值税。

进口关税＝关税完税价格×进口关税税率＝CIF（到岸价格）×25％；

消费税组成计税价格＝（关税完税价格＋关税）/（1－消费税率）；

消费税＝消费税组成计税价格×15％；

增值税＝（关税完税价格＋关税＋消费税）×17％。

最后，还要再加上购置附加费等费用。

8. 提货

海关收到关税以后会在提货单上加盖海关的放行章，进口商拿着这张提货单就可以到船公司所在的码头，或港口装卸部门提取货物。如果是船东提单，就可以凭其到船公司换取提货单提货；如果是货代单，则需要凭货代单换船东提单，然后再换提货单提货。如果是整箱货，则需要先和海关沟通，视海关同意货到工厂验货还是在港口验货而定。如果海关同意到进口公司验货，则必须由关员陪同把货拉到工厂，然后验货。如果是拼箱货，则在场站分拨，自己公司找拖车拉回。如果有代理公司，则代理公司会办理通关手续把货送过去。

9. 索赔

在进口业务中，往往因为人为因素，如卖方不按时交货，或者所交货物的品质、数量与合同不符，也可能因为自然灾害或意外事故导致货物短缺或受损。遇到上述情况，买方应向有关责任方提出索赔。

（1）索赔对象。

①向卖方索赔。凡属于下列情况者，如数量短缺、唛头不清、所交货物质量与合同不符、未按期交货或者不交货等，买方应向卖方索赔。遇到以上情况时，买方应该在发现问题后在合同索赔期内通知卖方，然后准备相关证据，在备齐证明文件后，发出索赔函电，进行正式索赔。

②向船公司或承运人索赔。凡属下列情况者，如所卸货物数量少于提单或运单所载数量；提单是清洁提单，但是货物有残缺且属于船公司过失所致；货物所受损失，根据租船合约有关条款应由船方负责等，买方应向船公司或承运人索赔。

③向保险公司索赔。凡属下列情况者，如由于自然灾害、意外事故或其他外来原因致使货物受损，并且属于承保险别范围以内的，或者船公司赔偿金额不足抵补损失的部分，并且属于承保范围内的，买方应向保险公司索赔。

（2）索赔的注意事项。

①索赔证据。在进口索赔中，买方应该做到证据确凿。根据索赔对象的不同，证据有所区别。在向卖方索赔时，需要提交的证据包括进口合同、发票，商检局签发的检验证书、提单、装箱单等。以FOB成交的合同还要出具一份保险单。在向船公司或承运人索赔时，需要提交的证据包括理货报告、残损检验证书、货损清单、提单等。在向保险公司索赔时，除提交索赔清单和有关货运单据外，还应附加保险公司出具的检验报告。

②索赔时限。买方必须在合同规定的有效期限内提出索赔，过期则无效。如果因商检工作造成不能在有效期内索赔，买方应及时向卖方要求延展索赔期限。如果合同没有规定索赔期限，按照《联合国国际货物销售合同公约》规定，买方向卖方提出索赔的时限是自买方实际收到货物之日起不超过两年；向船公司索赔的时限，按照《海牙规则》规定，是货物到达目的港交货后一年

之内；向保险公司索赔的时限，按照《海洋运输货物保险条款》规定，是货物在卸货港全部卸离海轮后两年之内。

③索赔金额。索赔金额不仅包括受损商品的自身价值，还包括由此而支出的各项费用（如检验费、装卸费、仓租、利息等）以及买方所失利益。

第四章 合同磋商

一 交易前的准备工作

国际贸易属于跨国交易，情况错综复杂，其风险较大，中间环节较多，竞争也比较激烈。因此，充分做好交易前的各项准备工作，是保证交易磋商和合同签订得以顺利进行的前提。

（一）出口交易前的准备工作

在出口交易磋商之前，主要应做好以下几方面的准备工作，即选择目标市场、选择交易对象、制订出口经营方案。

1. 选择目标市场

出口商应在充分进行市场调研的基础上，选择恰当的目标市场。市场调研主要包括以下内容。

（1）国别调研。国别调研主要是为了选择合适的市场，贯彻国别政策和发展贸易关系，主要是调查国际支付能力、主要贸易港口、对外贸易及外汇管制政策、海关税率、商检措施以及与我国进行贸易的情况。

（2）商品市场调研。商品市场调研主要指适销商品调查，包括品种、规格、包装、商标使用等。市场竞争情况调查，包括主要竞争者、主要生产商、市场容量等。市场消费特点调查，包括消费习惯、消费水平、销售季节等。

（3）商品营销手段与广告宣传调查。商品营销手段调查主要指营销渠道调查，包括各类商品的主要销售渠道，以及各渠道的特点、地位和由谁控制等。广告宣传调查包括主要媒体情况、与商品特点相适应的广告宣传方式等。

2. 选择交易对象

为了减少交易风险，出口商应对国外客户进行调查并在此基础上选择交易对象。出口商可以通过我国驻外商务机构、中国银行国外分行及往来银行、国外咨询公司、专业信用调查机构、外国商会等渠道来了解国外客户的政治背景、资信情况、经营范围、经营能力等，从而选择政治背景友好、资信状况良好、经营能力强的国外客户进行交易。此外，还应该经常注意客户情况的变化，要建立客户档案，不断完善与客户的关系。

3. 制订出口经营方案

一般情况下，对大宗商品或重点推销的商品应逐一制订商品出口经营方案；对其他商品可以按商品大类制订经营方案；对一些中小商品，可以制订内容较为简单的价格方案，仅对市场和价格进行简要分析，提出对不同国家的出口价格掌握的基本原则和机动幅度。

出口商品的经营方案是在对市场进行调查研究的基础上，按照出口计划的要求，对某种或某一类商品在一定时期内的出口进行较为全面的安排。经营方案的主要内容包括货源情况，即国内生产和供应的可行性，出口商品的品种、规格、包装等情况；国内、国外市场状况，即对当前市场的分析和对发展趋势的预测；出口计划，即根据对前一时期的出口情况和以往出口中存在的主要问题的具体分析，提出下一步的出口计划安排，如按照商品的品种、数量或金额制作分国别的推销计划，以及对贸易方式、收汇方式的具体运用，对价格、佣金与折扣的掌握；出口经济效益核算，即对出口成本、出口盈亏率、出口创汇率的核算和分析。商标注册，即在商品出口前，及时做好国内、国外的商标注册工作以便更好地维护自身的合法权益。

（二）进口交易前的准备工作

1. 选择供货商

为使进口商品和国内市场更好地相互适应，从而提高进口业务的效率，进口商应对潜在的商品供应者进行考察，以便选择合适的供货商。外国领事馆和贸易组织所提供的贸易企业及其商品目录和工业出版物是获得潜在进口供应商的重要来源。进口商还可以通过查看相关商品的商业协议来查明供给的可靠性、产品的范围、可选择性及竞争情况。对于大型成套设备，进口商可以通过国际招标来完成采购。此外，进口商还可以通过参加国际博览会、访问相关的商务网站来获取潜在供货商的有关信息。

2. 选择采购市场

进口商在选择采购市场时，应综合考虑以下几方面因素。首先，应满足国内市场的实际需求，不同国家的技术发展情况不同，产品的性能、价格等方面也会有很大差别。必须从市场需求出发，有针对性地进行选择。其次，应优先从与我国有友好往来的国家进口，以减少政治风险。再次，应考虑多从与我国有贸易顺差的国家进口，以有利于贸易平衡。最后，应避免采购市场过分集中。

3. 制订进口商品经营方案

与出口商品经营方案相似，进口商品经营方案是为完成进口业务而制订的经营意图和各项具体措施。通常包括采购国别或地区的安排，订购数量和时间的安排，供货商的选择安排，价格的把握，贸易方式的选择，各项主要交易条件的掌握等。

二 交易磋商的形式和程序

（一）交易磋商的形式

交易磋商的形式主要包括口头磋商和书面磋商两种。

1. 口头磋商

口头磋商主要指交易双方面对面地进行谈判或者通过国际长途电话进行的交易磋商。面对面谈判的形式主要包括参加各种商品交易会、博览会、组织贸易小组出访、接待国外客商来访等。由于口头磋商是面对面的直接交流，双方可以及时了解对方的意图与诚意，有利于及时调整谈判策略以便更好地达到预期目的。对于内容复杂、牵涉环节较多的交易，采取面对面的谈判方式较为合适。

2. 书面磋商

书面磋商是指通过信件、电报、电传、EDI（电子数据交换）等通信方式来洽谈。现代通信技术的不断发展使书面磋商日益便捷，并且费用也比口头磋商交易低。在日常业务中通常采用书面磋商的方式。

（二）交易磋商的程序

交易磋商是贸易双方签订合同的基础，双方要对合同的相关内容，如品名、品质、数量、价格、支付方式、交货期、运输、保险、不可抗力、仲裁以及索赔等涉及合同条款的相关问题进行具体洽谈，以期达成一致意见。在实际进出口业务中，并不是每一次交易磋商都会对所有的问题一一进行商谈。因为，一般的商品交易都有固定格式的合同，对商检、索赔、仲裁、不可抗力等一般交易条件都有具体规定，如果双方同意就直接采用，而不必再逐一协商。

交易磋商的程序一般包括四个环节，即邀请发盘、发盘、还盘与接受，其中发盘和接受是两个必不可少的环节。

1. 邀请发盘

邀请发盘指交易一方打算购买或出售某种商品，而向潜在的供货人或买主询问买卖该项商品的有关交易条件，或者就该项交易条件提出带有保留条件的建议，它不具有法律上的约束力。邀请发盘有多种形式，其中最常见的形式是询盘，询盘的目的通常是探询对方对所提出的交易条件的意见。询盘可由买方或卖方发出，可以采用口头形式或书面形式。常用的书面形式有书信、电报、电传、询价单等。

例如，买方询盘"PLS QUOTE LOWEST PRICE CIF NEWYORK FOR 1500 PCS BUTTERFLY BRAND SEWING MACHINES WITH 3 DRAWERS MAY SHIPMENT"；卖方询盘"CAN SUPPLY MAXAM BRAND TOOTH PASTE LARGE SIZE 2500 DOZENS FOB SHANGHAI MARCH SHIPMENT PLS CABLE IF INTERESTED"。

邀请发盘的内容通常为不确定或附有保留条件的建议。这些建议对于发盘人没有约束力，一般只是起邀请对方发盘的作用。与发盘相比较，邀请发盘有以下特点：主要交易条件不完备，即使对方接受，仍然需要商谈其他交易条件；附有保留条件；内容不够明确等。例如，"价格仅供参考"（PRICE REFERENCE ONLY），"以我方最后确认为准"（SUBJECT TO OUR FINAL CONFIRMATION）等。

2. 发盘

发盘指交易一方（发盘人）向另一方（受盘人）提出购买或出售某种商品的各项交易条件，并表示愿意按这些交易条件与对方达成交易且订立合同的行为。

发盘既是商业行为，也是法律行为，合同法中称其为要约或发价。发盘可以由卖方发出，即 Selling Offer；也可以由买方发出，即 Buying Offer。

（1）发盘的构成条件。一项发盘主要应具备以下三点。

①发盘要有特定的受盘人。受盘人可以是自然人，也可以是法人。受盘人必须特定化，一般不能泛指大众。

一般情况下，广告只能作为邀请发盘，而不能视为发盘，原因就在于一般的广告没有特定的受盘人，即使其内容完整、明确。但在某些情况下，广告中如果作了某种肯定的许诺，则对其发出者就具有约束力。例如，某药厂推出一种感冒药，为了招徕顾客，大做商业广告，宣传此药有奇效，药到病除。并声称已在银行存入一千英镑，如果服用无效，该厂将赔偿当事人一百英镑。有一顾客服用了该药，但无效力，因而向药厂索赔一百英镑。该厂认为广告不是发盘，因而与顾客之间没有合同关系，拒绝支付一百英镑。法庭审理认为，"一个发盘的受盘人，一般应当是特定的人。但是药厂既然希望全世界的人都购买该厂的感冒药，并且已向全世界任何人作出补偿的许诺，在这种特定的条件下，发盘的受盘人也可以不是特定的人。"《联合国国际货物销售合同公约》（以下简称《公约》）第 14 条规定："并非向一个或一个以上特定的人提出建议，应仅视为邀请发盘，除非提出建议的人明确表示相反的意向。"本例中，药厂广告中明确表示如无效则赔偿一百英镑，虽然是向一个或一个以上非特定的人发出的建议，但这项建议也可以成为一项发盘，而不再是普通意义的商业广告。

②发盘的内容要有明确的规定。《公约》第 14 条第 1 款规定，发盘的内容必须十分确定。在提出的建议中，应包括以下三项内容，即标明货物的名称、明示或默示地规定货物的数量或规定数量的方法、明示或默示地规定货物的价格或规定确定价格的方法。凡是包括以上内容的建议就可以构成一项发盘。该发盘一旦被受盘人接受，买卖合同即宣告成立。

对于构成一项发盘的必要内容，各国法律的规定有所不同。《公约》对于发盘内容的规定是构成发盘的最基本的要求。有的国家的法律规定，发盘必须对合同的主要条件，如品名、品质、数量、包装、价格、支付方式、交货地点和时间等内容有明确、完整的规定，并且不能附有任何保留条件。这样，受盘人一旦接受，就可以制作较为详细的对于双方都有约束力的合同，这样可以减少日后的异议与纠纷。

③表示经受盘人接受，发盘人即受发盘的约束的规定。

《公约》第 14 条第 1 款中有相关的规定，"向一个或一个以上特定的人提出的订立合同的建议，如果十分确定，并且表明发盘人在得到接受时承受约束的意旨，即构成发盘。一个建议如果写明货物并且明示或默示地规定数量和价格，或者规定如何确定数量和价格，即为十分确定。"《中华人民共和国合同法》（以下简称《合同法》）第 14 条也规定，要约是希望和他人订立合同的意思表示，该意思表示应当符合下列规定：内容具体确定；表明经受要约人承诺，要约人即受该意思表示约束。我国一般要求发盘中列明商品名称、品质、规格、数量、包装、价格、交货和支付等条件。另外，规定有效期不是构成发盘的必要条件，但如果在发盘中规定有效期，则应明确、具体。可以规定最迟接受的期限，也可以规定一段接受的期限。在规定发盘的有效期时，应当考虑交易双方由于营业地点不同而产生的时差问题。规定最后期限时，一般采用以接受通知送达发盘人为准的方法。例如"发盘以 3 月 5日前复至我方为有效"（OFFER VALID SUBJECT REPLY REACHING US MARCH 5TH）。规定一段接受的期限时，如"发盘 6 天有效"（OFFER VALID FOR 6 DAYS）。按照《公约》的规定，这个期限应从电报交发时刻或信件上载明的发信日期起算。如果信上未标明日期，则从信封所载日期起算。用电话、电传发盘时，则从发盘送达受盘人时起算。如果由于时限的最后一天在发盘人营业地是正式假日或非营业日，则顺延至下一个营业日。在计算接受期限时，接受期间内的正式假日或非营业日应计算在内。

（2）发盘的生效。《公约》第 15 条第 1 款规定："发盘于送达受盘人时生效"。对于用书面形式作出的发盘，《公约》采用的是受信主义即到达主义的原则。我国的合同法也采用到达主义的原则来规定发盘的生效。对于采用数据电文方式的发盘，我国《合同法》第16条规定：采用数据电文形式订立合同，收件人指定特定系统接收数据电文的，该数据电文进入特定系统的时间，视为到达时间；未指定特定系统的，该数据电文进入收件人的任何系统的首次时间，视为到达时间。

（3）发盘的撤回。发盘的撤回是指在发盘送达受盘人之前，将其撤回，以阻止其生效。《公约》第15条第2款规定："一项发盘，即使是不可撤销的，也是可以撤回的，如果撤回通知在发盘到达受盘人之前或同时到达受盘人。"发盘的撤回是为了阻止发盘的生效。因此，发盘人如果想修改原发盘的内容，可以采用更加快捷的通信方式，将发盘的撤回通知或修改通知赶在原发盘到达受盘人之前或同时到达受盘人，这样才可以将原发盘撤回或者进行修改。

对于发盘是否可以撤回和修改的问题，英美法系和大陆法系有不同的规定。英美法系认为，发盘原则上对于发盘人没有约束力，在受盘人对发盘表示接受之前的任何时候，发盘人都可以将发盘撤回或修改。而大陆法系则认为发盘人应受发盘的约束。

例如，A在2月17日上午用航空信寄出一份发盘给B，A在发盘中有"不可撤销"字样，规定受盘人B在2月25日前答复有效，但A在2月17日下午用电报发出撤回通知，该通知于2月18日上午送达B处，B于2月19日才收到A邮寄来的发盘，由于B考虑到发盘的价格对他十分有利，于是立即用电报发出接受通知。双方对合同是否成立发生争议，问合同是否成立？为什么？

答案是：合同不成立。因为撤回通知早于发盘到达受盘人，撤回生效。

（4）发盘的撤销。发盘的撤销是指发盘已经送达受盘人，也就是在发盘生效之后将发盘取消，使其失去效力。

对于发盘是否可以撤销的问题，大陆法系和英美法系有不同的规定。大陆法系认为，发盘人原则上应受发盘的约束，不得随意将其撤销。而英美法系则认为在受盘人表示接受之前，即使发盘中规定了有效期，发盘人也可以随时予以撤销。《公约》第16条规定："在未订立合同之前，发盘可以撤销，如果撤销的通知于受盘人发出接受通知之前送达受盘人。但在下列情况下，发盘不能撤销：发盘中写明了发盘的有效期或以其他方式表明发盘是不可撤销的；或受盘人有理由相信该发盘是不可撤销的，并且受盘人已本着对该发盘的信赖行事。"

撤销发盘的行为是在发盘生效之后，发盘人再取消该发盘，解除发盘法律效力的行为。它与发盘的撤回是两个完全不同的概念。

（5）发盘的失效。发盘的失效即发盘效力的终止。对于发盘的失效问题，《公约》第17条规定："一项发盘，即使是不可撤销的，于拒绝通知送达发盘人时终止。"

发盘失效的情形主要有以下几种：①受盘人将拒绝通知送达发盘人；②受盘人作出还盘；③发盘人依法撤销发盘；④发盘中规定的有效期届满而未被接受；⑤不可抗力事件造成发盘的失效，如政府禁令或限制措施；⑥在发盘被接受前，当事人丧失行为能力、死亡或破产等。

3. 还盘

还盘指受盘人不同意或不完全同意发盘人在发盘中提出的条件，为进一步协商，对发盘提出修改意见，即还盘是对发盘条件进行添加、限制或其他更改的答复。如果受盘人的更改在实质上变更了发盘的条件，就构成对发盘的拒绝，其法律后果是导致了发盘的失效，发盘人就不再受发盘的约束，即还盘是对发盘的拒绝。还盘一经作出，发盘即失去效力。还盘人则由原来的受盘人变为新的发盘人。如果受盘人的添加或更改在实质上并不改变发盘的条件，即变更为非实质性变更，则除非发盘人在不过分迟延的期间内反对其差异，可以构成接受。

4. 接受

接受在法律上称为承诺，是指受盘人接到对方的发盘后，在发盘规定的时限内，同意对方提出的条件，愿意与对方进行交易，并及时以声明或行为表示出来。

（1）构成接受的条件。

①接受必须由受盘人作出。因为发盘是向特定的人发出的，所以，只有特定的人即受盘人才能对发盘作出接受。第三者作出的接受是无效的，只能将其看做是一项新的发盘。

例如，香港中间商 A 要求我方发盘，我方于 6 月 1 日向 A 发盘，限 A 在 6 月 6 日前复到有效，5 日收到美国商人 B 开来的 L/C（按我方条件出具），同时收到 A 来电，说其已将发盘给 B，此时市价上涨，我方把 L/C 立即退回美商 B，向其发盘，并上调价格，B 的 L/C 是在发盘的有效期内到达的，因此 B 认为已经达成交易，不接受新的报价，问我方能否驳回 B 的要求？为什么？

答案是：可以驳回 B 的要求。因为 B 不是受盘人，其接受无效。

②接受的内容必须与发盘相符。有效的接受必须是同意发盘所提出的交易条件。只对发盘的部分内容表示接受，或者是对发盘条件提出了实质性的修改，或提出有条件的接受，都只能视为还盘。而非实质性变更发盘条件，除非发盘人在不过分迟延的时间内表示反对其间的差异外，仍可以构成有效接受。

《公约》第 19 条第 1 款规定："对发盘表示接受但载有增加、限制或其他变更的答复，即为拒绝该项发盘，并构成还盘。"即有条件的接受不是有效的接受，而是属于还盘。

《公约》第 19 条第 2 款对非实质性变更能否构成有效接受作

出了规定："对发盘表示接受但载有添加或不同条件的答复，如所载添加或不同条件在实质上并不改变发盘的条件，除非发盘人在不过分延迟的时间内以口头或书面通知反对其差异外，仍构成接受。"即非实质性变更能否构成接受，取决于发盘人是否反对。如果发盘人不表示反对，合同的条件就包含了发盘的内容以及接受所作出的变更。在接受的前提下提出的某种希望和建议，如果不构成实质性修改发盘的条件，应看做是一项有效接受，而不是还盘。

关于对发盘构成实质性变更，《公约》第 19 条第 3 款规定："有关货物价格、付款、质量、数量、交货地点和时间、一方当事人对另一方当事人赔偿责任范围或解决争端等的添加或不同条件，均视为实质上变更发盘的条件。"

例（1），A 向 B 发盘，"供应 50 台拖拉机，100 马力，每台 CIF 香港 3500 美元，订约后两个月装船，不可撤销即期 L/C 付款，请电复。"B 收到发盘后，立即复电，"我接受你的发盘，在订约后立即装船。"但 A 未作任何答复。问合同是否成立？为什么？

答案是：合同不成立。实质性变更构成还盘，导致发盘失效，合同不成立。

例（2），A 出售一批农产品 C 531，于 7 月 17 日向 B 发盘，"报 C 531 300 吨，即期装船，不可撤销即期 L/C 付款，每吨 CIF 鹿特丹 USD 900，7 月 25 日前复到有效。"受盘人 B 于 7 月 22 日复电，"你 7 月 17 日发盘，我接受 C 531 300 吨，即期装船，不可撤销即期 L/C 付款，每吨 CIF 鹿特丹 USD 900，除通常的运输单据外，要求提供产地证、植物检疫证明书，适合海洋运输的良好包装。"发盘人 A 于 7 月 25 日复电，"你 22 日电，十分抱歉，由于国际市场价格变化，收到你接受电报以前，我货已另行出售。"双方发生争论，该合同是否成立？为什么？

答案是：合同成立。非实质性变更，发盘人未反对其差异，合同成立。

例（3），我国某出口公司于 2 月 1 日向美国商人报农产品，在发盘中除了列明各项交易条件外，还表示"PACKING IN SOUND BAGS."在发盘有效期内，美商复电称"REFER TO YOUR TELEX FIRST ACCEPTED, PACKING IN NEW BAGS."我方收到上述复电后，即着手备货。数日后，美商来电称"我对包装条件作了变更，你未确认，合同并未成立。"而我方坚持合同已成立，双方发生争执。问合同是否成立？为什么？

答案是：合同以"装入新袋"成立。非实质性变更，发盘人未反对其差异，合同成立。

③接受必须在发盘的有效时限内作出。发盘如果规定了有效期，则接受必须在发盘的有效期内作出。如果发盘没有规定有效期，则受盘人也应在合理时间内作出接受。

"迟到的接受"本身不具有法律效力，但在《公约》第 21 条中规定的两种情况下，逾期的接受仍为有效接受，其决定权在发盘人。一种情况是"如果发盘人毫不延迟地用口头或书面形式，将表示同意的意思通知受盘人，愿意承受逾期接受的约束，合同仍可于接受通知送达发盘人时订立。"另一种情况是"如果载有逾期接受的信件或其他书面文件表明，它在传递正常的情况下是能够及时送达受盘人的，那么这项逾期接受仍具效力，合同于接受通知送达发盘人时成立，除非发盘人毫不延迟地用口头或书面形式通知受盘人，他认为发盘已经失效。"

例如，我国某进出口公司于 5 月 15 日向外商 A 发盘并限其 18 日复到我方。A 于 16 日上午 10 时向当地邮局交发接受我方发盘的电报。但由于当地邮局工人罢工，该电报在传递途中延误，到 22 日才送到我方。我公司认为对方答复逾期，未予置理，并将货物以较高的价格售给 B。5 月 25 日，A 来电称 L/C 已经开出，要求我方应尽快出运货物。我方立即复电 A，声明接受到达过晚，双方并不存在合同关系。因此，双方发生争执。请根据《联合国国际货物销售合同公约》的有关规定，分析双方孰是孰非。并说明理由。

答案是：合同成立。因为当载有逾期接受的电报表明在传递正常的情况下是能够及时送达受盘人的，那么这项逾期接受仍具效力，合同于接受通知送达发盘人时成立，除非发盘人毫不延迟地用口头或书面形式通知受盘人，他认为发盘已经失效。本案发盘人没有表示反对，合同成立。

（2）接受的方式。接受实际上是对发盘表示同意，一般应以某种方式表示出来，既可以是通过口头或书面形式向发盘人发表声明的方式来表示接受，也可以通过某种行为来表示接受。《公约》第18条规定："受盘人声明或作出其他行为表示同意一项发盘，即为接受，沉默或不行动本身不等于接受。"同时还指出，"如果根据该项发盘或者依照当事人之间确立的习惯做法或惯例，受盘人可以做出某种行为，例如与发运货物或支付货款有关的行为表示同意。"

沉默一般不能表示接受，但如果双方订有长期协议，并且协议对于接受有特殊规定，则沉默也可能表示接受。例如，双方在签订的长期协议中规定："卖方必须在收到买方订单后14天内答复。如果卖方在14天内未答复，则视为已经接受订单。"在此情况下，沉默对于交易双方而言就是接受。

（3）接受的生效。接受的生效原则有两种，一种是英美法系的"投邮生效原则"（投邮主义或发送主义），指在采用信件、电报等通信方式表示接受时，接受的函电一经投邮或发出立即生效，只要发出时间是在有效期内，即使函电在邮寄途中延误或遗失，也不影响合同的成立。如果按照这一原则，则不存在撤回接受的问题。另一种是"到达生效原则"，大陆法系国家和《公约》都采用该原则，这就是书面接受。对于口头及行为的接受，《公约》第18条规定："对口头发盘必须立即接受，但情况有别者不在此限，限接受于该行为作出时生效，但该项行为必须在上一款所规定的期限内作出。"即行为在发盘失效前作出。

（4）接受的撤回。《公约》第22条规定："接受得以撤回，如果撤回的通知于接受原应生效之前或同时送达发盘人。"根据"到达生效"的原则，接受在送达发盘人时才产生法律效力，因此，撤回接受的通知只要先于接受通知或者与接受通知同时到达发盘人，接受就得以撤回。

例如，A为B的动力煤供应者，6月12日A向B发出5000吨的报盘。同日，A收到B来电后，发现市场价格上涨，于14日再次致电B，将原价格38美元/吨调高到43美元/吨。双方往来函电如下。

①Seller A outgoing tel. Dated June 12th, 1998

FIRM HERE 13 STEAMCOAL 5000MT USD 38 PER MT FOB CHINA PORT SHIPMENT JULY OTHER TERMS SAME LAST.

②Buyer B outgoing tel. Dated June 12th, 1998

FIRM BID STEAMCOAL 5000MT USD 38 PER MT FOB CHINA PORT SHIPMENT JULY OTHER TERMS SAME LAST REPLY 13.

③Seller A outgoing tel. Dated June 14th, 1998

OC 12 STEAMCOAL WE RENEW OFFER SUBJECT USD 42 PERMT REPLY BEFORE 16.

B以12日去电与A 12日来电完全一致为由，坚持按原价格成交，A不同意。应如何解决？为什么？

答案是：合同不成立。B 12日电文只是递盘（BID），不是有效接受。

三 合同的成立和书面合同签订

（一）合同有效成立的条件

根据各国合同法的规定，合同一般要满足以下几个条件，才能有效成立。

1. 合同必须有对价或合法的约因

英美法系认为合同要有对价，对价指合同当事人之间为了取得合同利益所提供的相互给付，即双方互为有偿。大陆法系认为合同要有约因，约因是指当事人签订合同所追求的直接目的。合同只有在有对价或约因时，才是法律上有效的合同。

2. 当事人必须具有订立合同的行为能力并在自愿和真实的基础上达成协议

签订合同的当事人为自然人或法人。各国法律一般规定，自然人签订合同的行为能力是指精神正常的成年人才能订立合同，法人订立合同的行为能力是指法人必须通过其代理人在法人的经营范围内订立合同，越权的合同不具有法律效力。

我国《合同法》第9条规定："当事人订立合同，应当具有相应的民事权利能力和民事行为能力。"

此外，各国法律均认为，合同当事人的意思表示必须是真实的才能成为有约束力的合同，否则合同无效。

我国《合同法》第52条规定："有下列情形之一的，合同无效：（1）一方以欺诈、胁迫的手段订立合同，损害国家利益；（2）恶意串通，损害国家、集体或者第三人利益；（3）以合同形式掩盖非法目的；（4）损害社会公共利益；（5）违反法律、行政法规的强制性规定。"

3. 合同的标的、内容与形式必须合法

《公约》第11条规定："买卖合同无须以书面订立或证明，在形式方面不受任何其他条件的限制，买卖合同可以包括人证在内的任何方法证明。"我国《合同法》第10条规定："当事人订立合同，有书面形式、口头形式和其他形式。法律、行政法规规定采取书面形式的，应当采取书面形式。当事人约定采取书面形式的，应当采取书面形式。"

（二）合同的签订

签订合同是指买卖双方达成协议后，制作书面合同将各自的权利和义务用书面方式加以明确。书面合同是履行合同的依据，有时也是合同生效的条件。一般接受生效即合同生效。须经批准的合同，只有在获得有关审批机构批准后，合同才能生效。

1. 书面合同的形式

常见的书面合同形式包括：合同、确认书、协议、备忘录等。

按照我国的商业惯例，交易当面成交时，由双方共同签署合同；通过函电往来成交的，一般是我方签署后，将正本一式两份送交外方签署，然后退回一份，以备存查。

2. 书面合同的内容

书面合同一般包括三大部分，即约首、本文和约尾。约首即序言部分，一般包括合同名称、合同编号、缔约双方名称和地址、电报挂号、电传号码等内容。本文也称正文，即合同的主体部分，包括品名、品质规格、数量或重量、包装、价格、交货条件、运输、保险、支付、检验、索赔、不可抗力和仲裁等内容。约尾包括合同份数、文字效力、订约时间及地点、生效时间以及双方当事人签字等内容。

第五章　单据概述

国际贸易单证贯穿于进出口贸易的全过程。它的缮制、流转、交换和使用，不仅反映合同履行的过程，也体现货物交接过程中所涉及的有关当事人，如出口商与进口商，托运人、承运人与收货人，投保人、被保险人与保险人，客户与银行，商检委托人与商检机构，进出关境人与海关之间的责权利益关系。一旦发生争议，单证又是处理国际贸易索赔和理赔的依据。因此，单证工作是国际货物买卖中的一项基础工作，它是国际贸易合同履行的基础、是国际贸易结算的工具、是重要的涉外法律文件、是实现当事人利益的保障。

出口单证是在出口合同履行过程（包括备货、托运、装船和结汇等）中的不同环节中缮制的。这些单证既相对独立，又紧密联系，而且每种单证都有独特的性质和用途。

一　出口制单概述

（一）单证制作的发展现状

1. 单据的规范化和标准化

国际贸易发展到今天，国际贸易各环节所涉及的大部分单据都有统一的规定和要求，如 SWIFT MT 700 格式的信用证、提单、保险单、产地证等。关于发票、装箱单、装运通知的格式，我国 2010 年 2 月 1 日开始实施 GB/T1530.1 - 2009、GB/T1530.2 - 2009 和 GB/TB1530.3 - 2009。另外，同时实施的还有国际贸易单证样式（GB/T14392 - 2009）和国际经济学证格式标准编制规则（GB/T17928 - 2009），以往在某些单据中出现过的一些规定现已不复存在，如发票中的 E&OE（有错当查）的规定，而且许多单据有统一的填写规范，如报关单中每个项目都有具体的填写规则。

2. 单据的电子化和现代化

单据的电子和现代化主要指 EDI 单据。现在报关、报检都已联网，产地证和配额许可证的申领也可登录商务部等有关官方网站进行操作，收汇核销和退税也要先进行网上备案登记，这就使得我们在单证工作中可以充分利用现代通信手段和互联网。为适应贸易电子化的要求，国际商会也适时出台了 E-UCP，并于 2007 年对 1993 年修订的 UCP 500 进行了进一步的修订，正式实施 UCP 600，以满足日益发展的现代化国际贸易的需要。

3. 单证制作由繁到简

单证制作简单化的趋势主要体现在要求的单据的种类在减少、单据的内容在日益简单化。只要双方信誉良好，出口方就可以直接发货给进口方，后者直接付款，这样某些单据存在的必要性就大大降低了。

4. 一次制单

许多公司都有单据制作软件，只要认真填写发票这些基本单据，其他单据都可以自动生成。这样对制单人员的要求则更高了，因为所制作的单据一旦出错，就会导致业务的整体出现差错。

5. 新单据不断出现

新单据不断出现，如 20 世纪 60 年代随着集装箱运输的出现和发展而产生的集装箱运输单据、"9·11"后美国海关要求的 AMS（电子舱单申报）、我国与东盟达成双边贸易优惠协定后确定的我国产品原产地的 FORM E 证书等。这就要求我们必须关注时事，对新单证、新做法和新规定进行不断的研究和学习。

（二）单证制作的依据

根据什么进行制单是国际贸易中必须重视的一个问题。任何一种单据从制作角度讲都必须遵循一定的法律法规。

1. 遵守法律、惯例和规定

所有国际贸易中单据的制作都应依据相应的法律、惯例和规则，如《中华人民共和国合同法》、《中华人民共和国票据法》、《中华人民共和国外贸法》、《中华人民共和国海商法》、《中华人民共和国保险法》、《联合国国际货物销售合同公约》以及在国家贸易领域影响巨大的 UCP 600、E-UCP、ISBP、URC 522、URR 725、INCOTERMS 2000 等。

2. 以合同、信用证和货物实际情况为准制作单据

在实践中主要指单证、单单、单同、单货的一致。单据一定要如实反映货物的情况。

3. 单据制作应满足各行业、部门的特殊要求

每个行业都有其特定的规矩，如出口纺织品时经常会遇到国外要求我们提供 AZO Free Certificate（无偶氮证明，这是与人类健康有关的一种特殊单据）；AMS 舱单由美国开始，现已扩展到加拿大、澳大利亚以及欧洲的许多国家；农药产品出口到美国、欧盟时，进口商通常会要求出口方提供所出口的农药产品的 MSDS（物质安全数据表）等，所以出口企业应按规定的格式和要求将相关数据填写完整，并予以提交。

（三）单证制作的"五要求"

在出口业务中，出口方的单证工作更多、更集中。从签订合同直至交易完成，单证工作包括审证、制单、审单、交单和归档

五个环节。制单是单证工作的重点环节。出口制单必须符合法律
规定和有关商业惯例及实际的需要，原则上要做到正确、完整、
及时、简明和整洁。

1. 正确/准确

正确是所有单证工作的前提。正确是指信用证项下的单据要
符合 UCP 600 规定的"严格符合"原则，即"与信用证条款、本
惯例的相关适用条款以及国际标准银行实务（ISBP）一致的交
单"，否则会影响出单效果，甚至会导致进口商拒付货款。例如，
一般信用证中都没有汇票必须由出票人签字的规定，但一张没有
出票人签字的汇票肯定是不合格的，许多国家的票据法都规定，
汇票不签字，票据不成立，所以符合国际贸易惯例、各国或各行
业法律和规则的单据才是正确的单据。为了避免不必要的纠纷，
出口方最好遵守"单证一致"、"单单一致"、"单货一致"、"单同
一致"的原则。

2. 完整

从某种意义上讲，完整主要是指一笔业务所涉及全部单据的
完整性。第一，内容完整。任何单证都有其特定的作用，这种作
用是通过单据本身的格式、项目、文字和签章等来体现的，所以
要求制单时单据的必要项目必须填写完整，不可遗漏，否则就不
能构成有效文件，也不能被银行接受。例如，UCP 600 规定，凡信
用证要求提供已装船提单的，承运人必须在提单上加注已装船字
样和装船日期，否则银行可拒绝接受。第二，份数完整。第三，
种类完整。

凭单据买卖的合同或信用证都会明确要求出口方要提交哪些
单据、提交份数、有无正副本要求、是否背书以及应在单据上标
明的内容，这些要求都必须满足才行。

3. 及时

及时具体可以理解为及时制单、审单、交单、收汇。制单工

作涉及多个环节，如果制单工作不及时，将会影响运输、商检、海关监管和港口作业等多个部门的工作，轻则打乱工作秩序，重则造成巨大的经济损失。审核应齐抓共管，这样就可以保证在规定的时间内把全部合格单据向有关方面提交。全部单据制作、审核完毕后，要及时交单议付。信用证条件下尤其应注意交单议付日期不得超过信用证规定的有效期限。例如，UCP 600 规定，如果信用证没有规定交单议付期，则银行将拒收迟于运输单据出单日期 21 天后提交的单据，并不得迟于信用证到期日。过期交单将遭拒付或造成利息损失。及时交单意味着及时收汇，及时收汇意味着另一笔业务的开始。

4. 简明

简明是指单证内容要力求简明扼要，防止复杂烦琐。UCP 600 第 4 条 b 款规定："开证行应劝阻申请人试图将基础合同、形式发票或其他类似文件的副本作为信用证组成部分的做法。"这样不仅可以减少工作量、提高工作效率，而且也有利于提高单证质量，减少差错。如商品名称，除非信用证有特别规定，只有发票必须使用商品的具体名称，其他单据均可使用统称。

5. 整洁

整洁是指单证表面清洁美观、清楚易认，单据的格式设计合理，内容排列主次分明且重点内容醒目突出。不应出现涂抹现象，应尽量避免或减少加签修改。单证是否整洁、美观，不仅反映单证的外在质量，也反映一个企业、一个国家的业务技术水平。一般单证的格式设计和缮制要力求标准化和规范化，单据的内容排列行次要整齐、字迹要清晰，重点项目要突出、醒目。应尽量减少甚至不出现差错或涂改的地方。即使有涂改，也不允许在一份单据上作多次涂改。

传统的外贸单证都是手工制作，一笔业务通常要有数十种单据，各种单据的内容繁杂、缮制要求高且流转环节多，任何一个差错都可能造成重复工作和经济损失。随着计算机及网络技术的发展和应用，目前外贸单证的制作都实现了电子化，即采用电脑制单，主要包括普通电脑制单和 EDI 制单等。EDI 通过网络将贸易中的各种信息或单证上的各个数据一次性输入，核对正确无误后，在企业间、国家间进行交换和自动处理，避免了各种单证的制作和传递，便于单证的归档和管理，加速了贸易进程，被称为"无纸贸易"。

（四）单证"严格符合"的要求

在国际贸易中，如果提交的单据与买方通过银行开出的信用证不一致，银行有权拒绝付款，所以单证从业人员制作和提交的单据必须与信用证要求"严格符合"。

1. 单证一致，单单一致

单证一致指所有单据的有关内容与信用证中的要求相一致；单单一致是指信用证项下提供的所有单据的相关内容不应相互矛盾。

2. 表面一致

主要指单据和信用证之间在文字体现上没有冲突。实践中，如果采用 CIF 条件成交，在有关单据完全符合信用证规定但货物在运输途中出现损失的情况下，银行仍要付款；如果单据不符合信用证的要求，即使货物一点儿问题都没有，银行也有权拒付。

3. 一致原则的灵活处理

对单单一致、单证一致的要求不可以机械地理解为一字不差，完全照搬照抄，应根据实际情况加以灵活处理。下面试举几例加以说明。第一，对运输标志中件数的 1 - UP 的规定，除非信用证明确作出了限定，一般应理解为实际出口货物的件数，也就是说，来证中规定是 1 - UP，制作单据时并不能照搬 1 - UP，而应根据实际情况写上包装的实际数量，如 1 - 200。第二，交易条件为 FOB、CFR 时，保险事宜理应由买方办理，但买方所开立的信用证中可能会要求卖方提供保险单，在不违背原则（买方承担相关费用）的情况下，卖方可以接受；同样在 FOB 条件下，信用证中如果要求运输单据上标明 "FREIGHT PREPAID"，只要运费有着落，也是可行的。第三，单据的签字、盖章也可能出现不完全一致的情况，如发票、箱单等以英文制作，但有中文法人代表签字和公司名称属于正常单据。第四，不同单据的收货人栏的填写也可能有所不同。指示抬头的提单填写 "TO ORDER" 或 "TO ORDER OF"，而原产地证中应填写具体的买方名称。第五，发票中商品名称应与信用证或合同严格一致，而其他单据则可以只显示商品的统称、通称或大类名称。第六，信用证没有禁止分批装运或转运，而实际提交了分批装运或转运的单据的，只要金额相符，银行通常也会接受。

4. 银行"四不管"

银行在处理信用证业务时坚持不管货物，不管当事人，不管合同，不负责审核单据的真伪、合法性以及与实体货物是否一致。在这种情况下，受益人就必须按单证一致、单单一致的要求履行义务，否则就难以向银行主张权利。

（五）单证制作的时间顺序

各种单据的签发日期应符合逻辑性和国际惯例，通常提单日期是确定各单据日期的关键，汇票日期应晚于发票、提单等其他单据，但不能晚于 L/C 的有效期。各单据的日期关系如下。

（1）发票日期应在各单据日期之首。

（2）提单日不能晚于 L/C 规定的装运期也不得早于 L/C 规定的最早装运期。

（3）保单的签发日应早于或等于提单日期（一般早于提单 2 天），不能早于发票。

（4）装箱单应等于或迟于发票日期，但必须在提单日之前。

（5）产地证日期不早于发票日期，不迟于提单日。

（6）商检证日期不晚于提单日期，但也不能过分早于提单日，尤其是鲜货、容易变质的商品。

（7）受益人证明日期应等于或晚于提单日。

（8）装船通知日期应等于或在提单日后3天内。

（9）船公司证明日期应等于或早于提单日。

二 常见出口单据的种类

出口贸易中常用的单证主要包括以下几类。

（一）金融单据

金融单据主要用于货款收付，具有货币性质，主要包括以下三种。

1. 汇票

汇票是一个人向另一个人签发的，要求见票时或在将来的固定时间，或可确定的时间，对某人或其指定人或持票人支付一定金额的无条件的书面支付命令。

2. 本票

本票是一个人向另一个人签发的，保证于见票时或定期或在可以确定的将来时间，对某人或其指定人或持票人支付一定金额的无条件的书面支付承诺。

3. 支票

支票是在银行有存款的客户向自己开有账户的银行签发的，授权该银行即期支付一定数目的货币给特定人，或其指定人，或来人的无条件书面支付命令。简言之，支票是以银行为付款人的即期汇票。

（二）商业单据

商业单据是结汇的基本单据及重要证明，主要包括以下几种。

1. 商业发票

商业发票是出口方开给进口方的载明商品名称、数量和价格等内容的清单。它是进出口双方交接货物和结算货款的中心单证，也是进出口报关必不可少的主要单证之一。

2. 包装单据

包装单据包括装箱单、重量单、尺码单、规格单等，均可作为商业发票的一种补充，其说明各有侧重，但内容不能互相矛盾。装箱单由出口方出具，主要是显示货物的唛头、名称、规格、数量、重量和包装等方面的情况。重量单着重说明货物的毛重和净重等情况。尺码单用以说明货物尺码细节，一般要求列明每件货物的尺码及总尺码，并提供货物包装的体积，以便于安排运输、装卸和仓储，也是计算运费的重要依据。规格单用以说明包装规格细节，一般要求列明包装方式及内含量。

3. 保险单据

（1）保险单。俗称大保单，它是保险人和被保险人之间成立保险合同关系的正式凭证。海上保险最常用的保险单包括船舶保险单、货物保险单、运费保险单和船舶所有人责任保险单等。其内容除载明被保险人名称，被保险货物的名称、数量或重量，运输工具，保险起止地点，承保险别，保险金额和期限等项目外，还附有保险人的责任范围，以及保险人与被保险人各自的权利和义务等方面的详细条款。如果当事人双方对保险单上所规定的权利和义务需要增补或删减时，可在保险单上加贴条款或加注字句。保险单是被保险人向保险人索赔或上诉的正式文件，也是保险人理赔的主要依据。保险单由被保险人背书后随同物权的转移而转让，通常是被保险人向银行押汇的单证之一。

（2）保险凭证。俗称小保单，它是保险人签发给被保险人，证明货物已经投保和保险合同已经生效的文件，是一种简化的保险单。除在凭证上不印就保险条款外，其他内容与保险单相同，且与保险单有同等的效力。但是，当信用证要求提供保险单时，一般不能以保险凭证代替。

（3）联合凭证。它是我国保险公司特别使用的比保险凭证更为简化的一种保险单据。保险公司只需将保险险别、金额及编号加注在出口公司的商业发票上，其他项目则以发票上所列内容为准。这种单据目前只在对港澳地区的贸易中使用。

（4）预约保险单。它是保险公司与被保险人签订的一种长期货物运输保险合同。凡是属于合同中约定的运输货物，在合同有效期内，一经起运，即自动按预约保险单所列条款承保。在预约保险单内载明保险货物的范围、险别、保险费率、每批运输货物的最高保险金额以及保险费的结算办法等。但投保人必须在每批货物出运后向保险公司发出保险通知书，以便保险公司能及时掌握有关情况。这样可以减少逐批货物投保、逐笔签订保险单的麻烦。目前这种保单在我国只适用于进口货物。

（5）保险通知书或保险声明书。以 FOB 或 CFR 等价格条件成交时，保险由进口商办理。但有些进口商与保险公司订有预保合同，并在信用证中订立条款，要求出口商在货物发运时向进口商指定的保险公司发出保险通知书，内容包括出运货物的名称、数量、金额、运输工具、日期、进口商名称及预保合同号码，并且该通知副本作为议付单据之一，必须在装运前备妥。为简化手续，出口商可在征得银行的同意后，以商业发票代替上述格式，并在发票上加注"Insurance Declaration"（保险通知书）及其他信用证规定的内容。

（6）批单。它是保险单出立后，保险公司应被保险人的要求而签发的批改保险内容的凭证。保险公司应按照批改后的内容承担责任。但是，如果批改内容涉及保险责任范围扩大及保险金额的增加，则保险公司只有在证实货物未发生出险事故的情况下才办理。批单原则上应贴在保险单上，并加盖骑缝章，作为保险单不可分割的一部分。

4. 运输单据

运输单据根据运输方式的不同，运输公司提供不同的运输单据。

（1）海运提单。它是货物的承运人或其代理人在收到货物以后或货物装船后签发给托运人的一种文件。海运提单是运输单据中最重要的一种。

（2）海运单。它是证明海上运输合同和货物由承运人接管或装船，以及承运人保证据以将货物交付给单证所载明的收货人的一种不可流通的单证，因此又称"不可转让海运单"。海运单不是物权凭证，故而不可转让。收货人不凭海运单提货，而是凭到货通知提货，因此，海运单收货人一栏应填写实际收货人的名称和地址，以便在货物到达目的港后通知收货人提货。

（3）租船合约提单。它是利用租船方式进行海上运输时签发的并受租船合约约束的提单。租船合约提单通常是简式提单，内容基本上与海运提单相同，有时只列明货名、数量、装船港、目的港等内容，其他条件依照租船合约办理。

（4）多式联运单据。它是为适应广泛开展的集装箱运输的需要而产生的，涵盖至少两种不同运输方式的运输单据，是多式运输合同以及多式联运经营人接管货物并负责按照合同条款交付货物的单据。多式联运公约规定，多式联运单据是多式联运合同的证明，也是多式联运经营人收到货物的收据和凭以交付货物的凭证。根据发货人的要求，它可以做成可转让的，也可以做成不可转让的。多式联运单据如果签发一套一份以上的正本单据，应注明份数，其中一份完成交货后，其余各份正本即失效。副本单据没有法律效力。

（5）航空运单。它是承运人与托运人之间签订的运输契约，也是承运人或其代理人签发的货物收据。航空运单还可作为承运人核收运费的依据和海关查验放行的基本单据。但航空运单不是代表货物所有权的凭证，也不能通过背书转让。收货人提货不是凭航空运单，而是凭航空公司的提货通知单。在航空运单的收货人栏内，必须详细填写收货人的全称和地址，而不能做成指示性抬头。

（6）铁路运单。铁路运输可分为国际铁路联运和国内铁路运输两种方式，前者使用国际铁路联运运单，后者使用国内铁路运单。国际铁路联运运单是国际铁路联运的主要运输单据，它是参加联运的发送国铁路与发货人之间订立的运输契约，其中规定了参加联运的各国铁路以及收、发货人的权利和义务。对收、发货人和铁路都具有法律约束力。当发货人向始发站提交全部货物，并付清应由发货人支付的一切费用，经始发站在运单正本和运单副本上加盖始发站承运日期戳记，证明货物已被接妥承运后，即认为运输合同已经生效。运单正本随同货物到达终点站，并交给收货人，它既是铁路承运货物出具的凭证，也是铁路与货主交接货物、核收运杂费和处理索赔与理赔的依据。运单副本于运输合同缔结后交给发货人，是卖方凭以向收货人结算货款的主要单据。通过铁路向香港和澳门特别行政区出口的货物，由于内地铁路运单不能作为对外结汇的凭证，故使用承运货物收据这种特定性质和格式的单据。承运货物收据既是承运人出具的货物收据，也是承运人与托运人签订的运输契约。我国内地通过铁路运往港澳地区的出口货物，一般多委托中国对外贸易运输公司承办。当出口货物装车发运后，对外贸易运输公司即签发一份承运货物收据给托运人，以作为对外办理结汇的凭证。它还是收货人提货的凭证。

（7）邮政收据。它是邮政运输的主要单据。它既是邮政局收到寄件人的邮包后所签发的凭证，也是收件人提取邮件的凭证。当邮包发生损坏或丢失时，它还可以作为索赔和理赔的依据，但邮包收据不是物权凭证。

（8）邮寄证明。它是邮政局出具的证明文件，据以证实所寄发的单据或邮包确已寄出和作为邮寄日期的证明。有的信用证规定,出口商寄送有关单据、样品或包裹后,除要出具邮政收据外,还要提供邮寄证明,作为结汇的一种单据。

(9) 专递收据。它是特快专递机构收到寄件人的邮件后签发的凭证。

(三) 官方单据

官方单据是由政府机关或社会团体等专门机构签发的单据,主要包括以下几种。

1. 商检证书

商检证书是商检机构对外签发的具有法律效力的证书,是证明交货的品质、数量、包装及卫生条件等符合合同规定的依据。当卖方交货的品质、数量、包装及卫生条件与合同规定不符时,可作为拒收、索赔和理赔的依据。故它直接关系到贸易各方的合法权益和争议各方的利益。中国商品检验机构出具的证书包括品质检验证书、重量或数量检验证书、兽医检验证、卫生证和熏蒸消毒证等。

2. 原产地证

原产地证是证明出口商品的原产地,即商品的生产地或制造地的具有法律效力的书面文件。它是进口国对进口货物确定关税待遇、进行贸易统计、实行数量限制以及控制从特定国家进口的主要依据。在我国,一般原产地证由出入境检验检疫局签发,也可以由中国国际贸易促进委员会签发。在缮制原产地证时,应按照《中华人民共和国原产地规则》及其他规定办理。

3. 普惠制原产地证

普惠制原产地证是依据给惠国要求而出具的能证明出口货物原产自受惠国的证明文件,能使货物在给惠国享受普遍的、非歧视的、非互惠的关税优惠待遇。目前给予我国普惠制待遇的国家有澳大利亚、新西兰、日本、加拿大、挪威、瑞士、俄罗斯以及欧盟各国，还有部分东欧国家。凡向给惠国出口受惠商品，不管来证是否要求提供普惠制原产地证，我国出口方均应主动提交。普惠制原产地证的书面格式称为格式 A，但对新西兰还需提供格式59A，对澳大利亚不用任何格式，只需要在商业发票上加注有关声明文字即可。在我国，普惠制原产地证由设在各地的出入境检验检疫局签发。

4. 海关发票

海关发票是进口国海关制定的一种固定的发票，要求出口方填制，供进口方凭以报关。进口国要求提供这种发票，主要是作为估价完税或征收反倾销税的依据。

5. 领事发票

领事发票是由进口国驻出口国的领事出具的一种特别印就的发票，主要为拉美国家所采用。这种发票注明出口货物的详细情况，供进口国用于防止外国商品的低价倾销，同时用为进口税计征的依据，有利于货物顺利通过进口国海关。出具领事发票时，领事馆一般根据进口货物的价值收取一定费用。

6. 出口许可证

出口许可证是根据一国出口商品管制的法令规定，由对外经贸行政管理部门签发的准许出口的证件。一般而言，某些国家对国内生产所需的原料、半制成品以及国内供不应求的一些紧俏物资和商品实行出口许可证制，通过签发出口许可证控制对外出口的货物。

（四）附属文件

1. 受益人证明

受益人证明是由受益人签发的证实某件事实的单据。它是信用证支付方式下进口方要求的常见单据之一。要求提供受益人证明一般有以下几种情形。

（1）进口方为了某种原因，如转口货物等，要求在限定时间内先直接邮寄必要的单据以便及时提货、通关或再转口，此为寄单证明。

（2）进口方为预先取得装运的货样而要求的寄样证明。

（3）要求受益人在限定时间内将装运情况通知进口方而出具的证明。

（4）进口方要求单据由进口国领事签证，但出口方又无该国领事而出具的证明。

（5）要求出口方履行某些义务而出具的证明。

2. 电传副本

电传副本又称电抄，是出口方应进口方要求向其发出电传的副本，常见的有装运通知和投保通知。装运通知主要是为了便于进口方报关接货或筹措资金，将装船细节电告进口方，其内容一般包括合同号、信用证号、船名、装船日期、装货港和货物描述等。投保通知主要是为了通知进口方投保，其内容包括货物描述、开航日期、船名、进货港和目的港等办理保险的相关内容。电传副本的日期应与信用证规定的日期相符。

3. 船公司证明

船公司证明是进口方要求受益人提供的，由船公司或其代理人出具的，用以说明载货船舶的船籍、船龄和船程等内容的证明文件。其作用是供进口方满足其政府要求或了解运输情况。

（五）后续单据

出口方在货物出运和货款收妥后，还需要办理国内的一些善后业务，及时向所在地外汇管理部门办理出口核销手续，再向国家税务部门办理出口退税手续。后续单据主要包括出口收汇核销单和出口退税申请表两种。

出口收汇核销单是指由国家外汇管理局制发，出口单位凭以向海关出口报关、向外汇指定银行办理出口收汇、向外汇管理部门办理出口收汇核销、向税务机关办理出口退税申报的有统一编号及使用期限的凭证。出口单位填写的核销单应与出口货物报关单上记载的有关内容一致。

在货物报关后，海关在核销单上加盖"验讫章"，退还给出口商。出口商安全收汇后，到当地外汇管理部门办理核销手续。外汇管理部门在核销单的出口退税专用联上加盖"已核销章"后，将出口退税专用联退回出口方。

出口商到国税局办理退税，国税局收回核销单的出口退税专用联，完成退税手续的办理。

第三篇　实验操作指导

第六章 实验平台操作方法

一 国际贸易模拟（TMT）实习系统简介

（一）国际贸易模拟实习教学软件平台简介

国际贸易模拟（Teach Me Trade，TMT）实习教学软件平台，是由上海高校国际商务实习中心开发的，自 1998 年起，已向全国各地的大专院校共享转让。目前，已在上海、天津、北京、山东、黑龙江、湖南、山西、辽宁、广东、福建、台湾等地区的 170 多所院校中用于国际贸易和其他相关专业的教学和实验。该软件也可以用于对企业员工的培训。2009 年 8 月，该软件被用来对中化国际（控股）股份有限公司的学员进行了 5 天"国际贸易实务强化培训"，从而使公司学员对国际贸易实务知识、流程及实际操作具有整体认识和实际了解。上海高校国际商务实习中心是由上海市教育委员会和上海对外贸易学院于 1997 年共同创建的国内首家提供国际商务专业培训与仿真实习的公共服务基地。

TMT 的设计理念就是让学生作为实习生进入一家仿真的贸易公司，以公司实习员工的身份亲自操作完成一笔出口交易，通过出口交易的各个流程环节的实际在线网络环境的操作，体验国际贸易流程的全过程，从而达到了解国际贸易完整交易流程、实际应用国际贸易基本知识、掌握国际贸易业务操作基本技能的目的。

在实习过程中，学生需要登录 TMT 实习平台，根据国际贸易出口流程的具体操作要求，按照实习规定的进度，完成岗位实习任务。

TMT 的实际训练，有助于学生理解和掌握国际贸易的相关知识，也便于学生有选择地参加一些相关的、由社会组织的职业考试。这里首先简要介绍一下与 TMT 实习有直接关系的国际贸易操作能力考试（PTITO）。TMT 要求掌握的出口操作技能与 PTITO（初级）的考试范围大致相同，通常，通过 TMT 训练且成绩优秀的学员，只需要自行巩固、加强技能训练，就可以直接报考 PTITO（初级）。但是，如果要通过 PTITO（中级），就要参加专门针对 PTITO（中级）的考试培训，加深对国际贸易相关知识和操作技能的掌握。PTITO 是专门针对国际贸易基本操作技能的认证考试，目前 PTITO 实行"一考两证"，考试成绩为 60 分及以上的合格者可以获得由上海市教育委员会、上海对外贸易学院、上海高校国际商务实习中心联合颁发的《国际贸易操作能力证书》，还可获得由国家人力资源和社会保障部颁发的《国际贸易操作员国家职业资格证书》。

最后再简单介绍一下与国际贸易相关的其他一些社会考试。报关员考试属于国家执业资格考试。从事进出口报关工作的人员必须通过由海关总署组织的"报关员资格统一考试"，并取得海关总署颁发的《报关员资格证书》。外销员考试、国际商务师考试属于职称类考试。通过这类考试的人员在从事相关外经贸工作一定期限后，由单位聘任获得相应专业的技术职务，即初级或中级职称。考试内容着重考查外经贸理论知识的掌握及应用与分析。

（二）实验系统环境

TMT 软件平台系统要求如下。

网络环境要求：基于 Windows NT 的网络，使用 TCP/IP 协议。

服务器配置要求：CPU PIII 以上，内存 256M 以上；Windows 2000 Server 操作系统；硬盘空间要有 100 人的实验规模，应有 250M 剩余空间，在此基础上每增加 1 人，则增加 1.5M 空间。

客户端配置要求：操作系统不限；Internet Explorer 5.0 以上浏览器；MS Office 软件。

（三）实验操作步骤

实验中，进行实习的学生登录实习系统后，便可以了解自己实习公司的基本情况，并亲自操作一笔完整的出口业务。实习公司不同，参与实习的学生的交易对象和商品也不同，但是，遵循的出口流程程序是相同的。在整个实验中，学生的实验工作是要完成 9 个实验项目，表 6－1 是 9 个实验所包括的 15 个具体实验操作（见表 6－1）。

表 6－1 实验项目和内容

实验安排和项目名称	模拟系统中的对应操作步骤	实验内容
实验一 建立业务关系	操作一	作为卖方撰写建立业务的函电
实验二 出口报价核算	操作二	收到客户询盘后进行出口报价核算
实验三 合同磋商	操作三	撰写发盘函
	操作四	收到客户还盘后进行还价核算
	操作五	撰写还盘函
实验四 签订合同	操作六	收到客户接受函后进行成交核算
	操作七	签订合同
实验五 修改信用证	操作八	收到信用证后审证，写出审核意见
	操作九	撰写改证函
实验六 装运工作	操作十	收到信用证修改书后向船公司订舱，制作订舱文件
	操作十一	收到船公司配舱回单后向海关报关，制作报关单
	操作十二	向保险公司投保，发出装船通知

续表 6 – 1

实验安排和 项目名称	模拟系统中的 对应操作步骤	实验内容
实验七 制单结汇	操作十三	制作结汇单据向议付行议付
实验八 出口业务善后	操作十四	出口业务善后，包括退税申报后及时进行单证备案
实验九 进口单据审核	操作十五	审核另一笔进口业务信用证项下的单据

（四）实验项目操作步骤

1. 公司在线实习

（1）进入实习系统，进行实验。

（2）了解整个实验进程和相关内容。

（3）仔细阅读每一步操作要求、操作提示和业务反馈。

（4）完成每一次实验规定的具体操作。

2. 公司进出口贸易信息查询和单据下载

（1）根据实验项目和对应操作步骤的具体要求，进行相关的信息查询。

（2）根据实验项目和对应操作步骤的具体要求，进行必要的单据下载。

二　TMT 实习系统操作指南

（一）进入模拟公司实习

1. 进入和了解实习公司

双击 IE 浏览器，在地址一栏中输入实习项目主管（实验指导教师）告知的具体网址，进入 TMT 主页面。

单击 TMT 主页下方的"登录训练系统"，然后，输入实习项目主管（实验指导教师）分配给的用户名和密码（注意大小写和空格）。具体见图 6 – 1 与图 6 – 2。

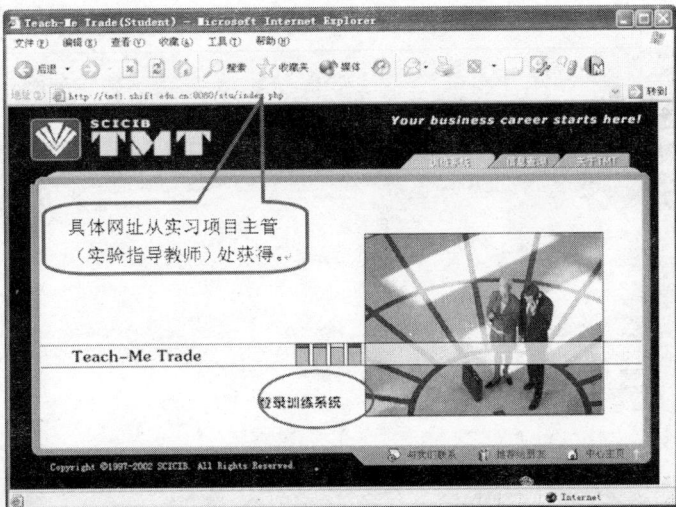

图 6 - 1

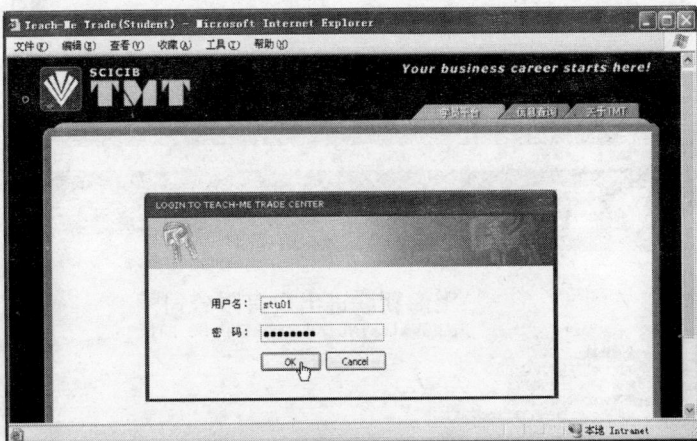

图 6 - 2

单击"OK",进入下面的页面,页面中主要包括左侧的"主菜单"和右侧的"个人信息中心"(见图 6 - 3)。

在页面的底部左侧有公司基本信息。点击后会显示参与实习学生所在公司的基本信息资料。例如,公司的名称、联系地址、实习部门和交易地区等。底部右侧是交易对象的基本信息（见图6-4）。

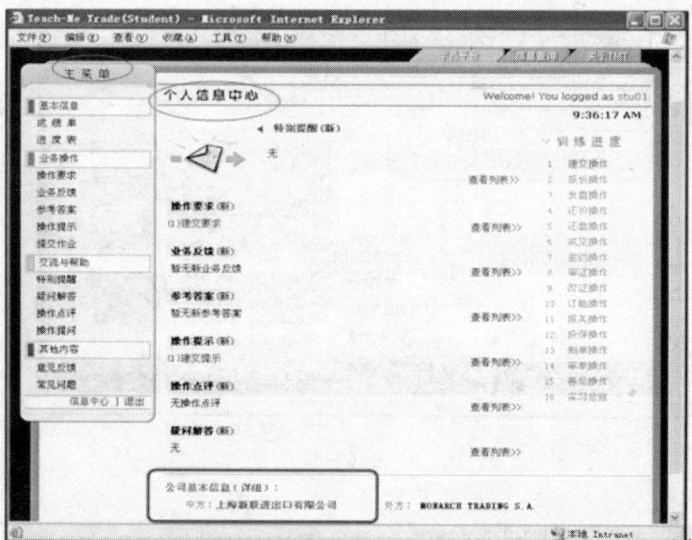

图 6 - 3

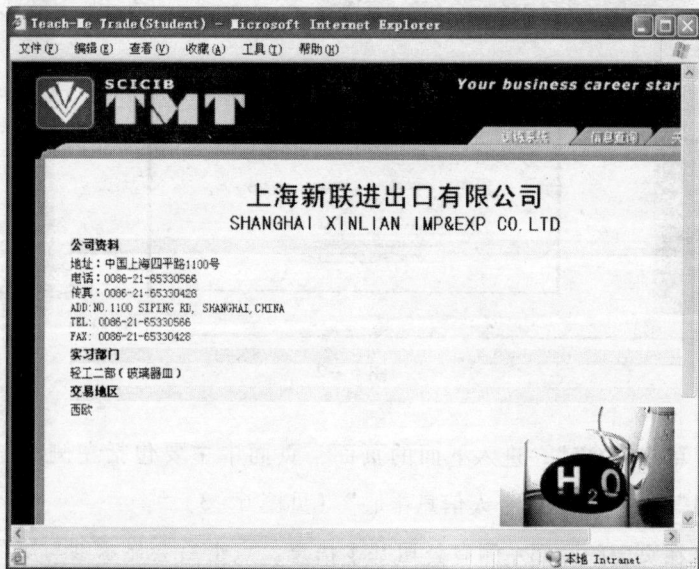

图 6 - 4

2. 了解实验进度

整个国际贸易流程实验的实习工作包含 9 个具体实验，15 个具体操作环节。"个人信息中心"主页的右侧"训练进度"显示了实验操作的进展情况（见图 6 - 5）。

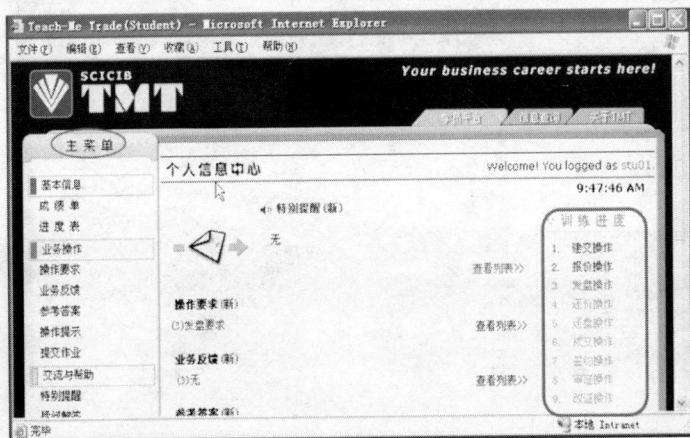

图 6 - 5

实习学生也可以点击左侧"主菜单"中的"进度表"来了解实习项目的进展情况（见图 6 - 6）。

3. 查看实验工作内容和要求

"个人信息中心"中将显示实验"操作要求"和外部的"业务反馈"（它可能来自进口公司、银行和各类贸易服务机构等），有时，实习学生还会得到完成相关实习工作的"操作提示"。在进行每一步实验操作之前，学生都需要依次了解"操作要求"、"业务反馈"和"操作提示"三方面的具体信息。另外，实习学生还可以点击"参考答案"来自我检查已完成的实验项目是否有错，如果有错，要及时更正，以减少下一步实验工作中的错误率（见图 6 - 7）。

在"个人信息中心"主页上点击"操作要求（新）"、"业务

反馈（新）"、"操作提示（新）"查看最新的相关实验项目信息
（见图 6 - 8、图 6 - 9、图 6 - 10）。

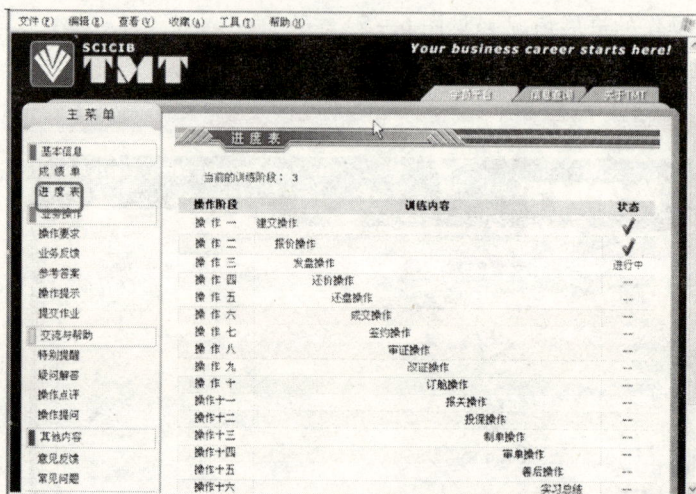

图 6 - 6

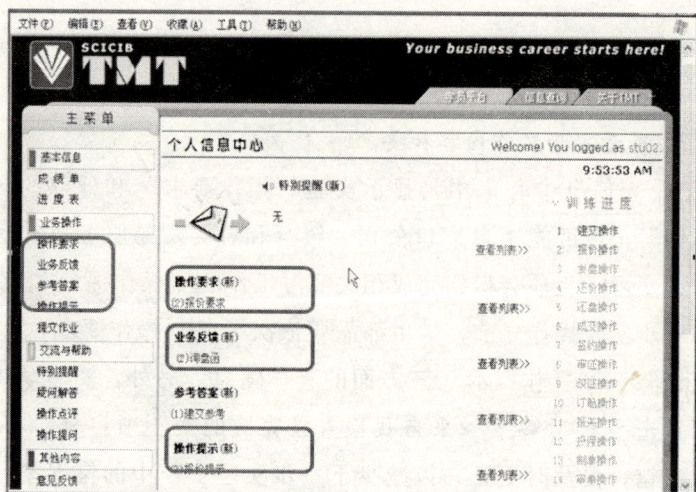

图 6 - 7

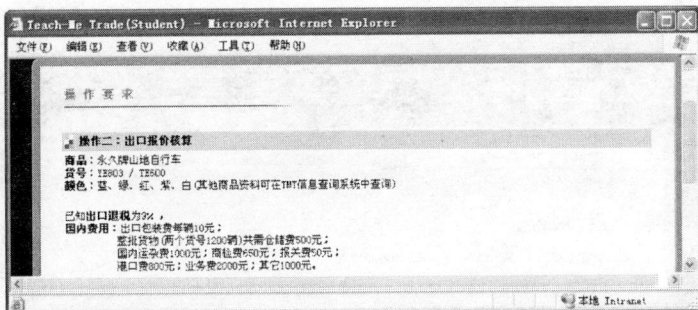

图 6 - 8

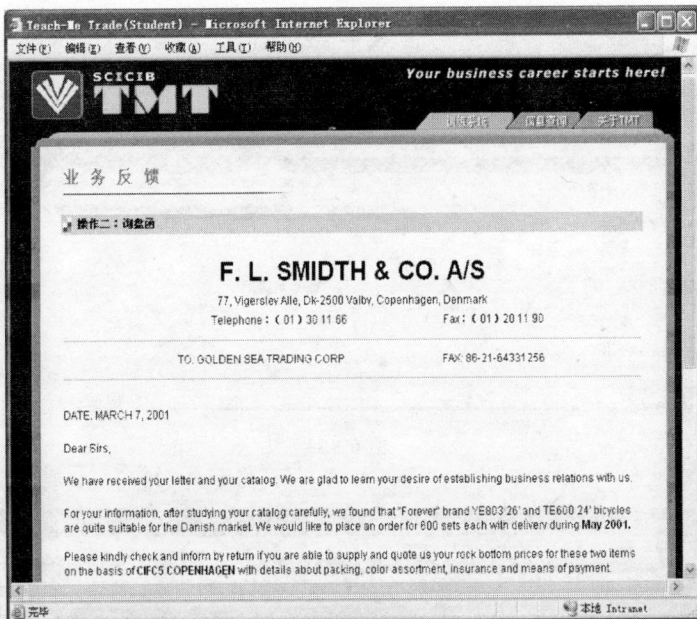

图 6 - 9

另外,实习学生也可以在包含"个人信息中心"的主页上点击"主菜单"下的相关操作按钮,例如,"基本信息"和"业务操作"下面的选项,来查看已完成实验项目和最新实验项目的"操作要求"、"业务反馈"和"操作提示"(见图 6 - 11、图 6 - 12、图 6 - 13)。

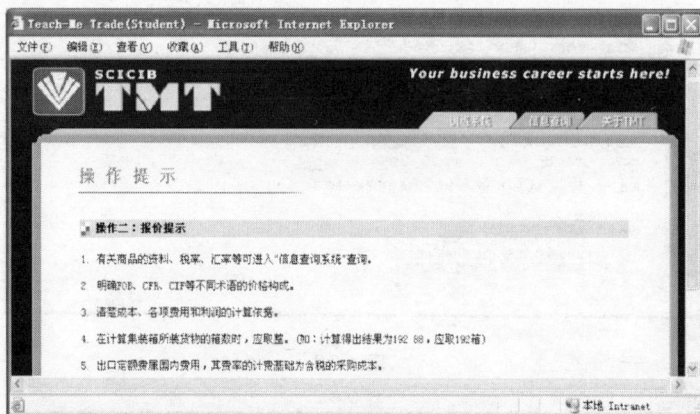

图 6 - 10

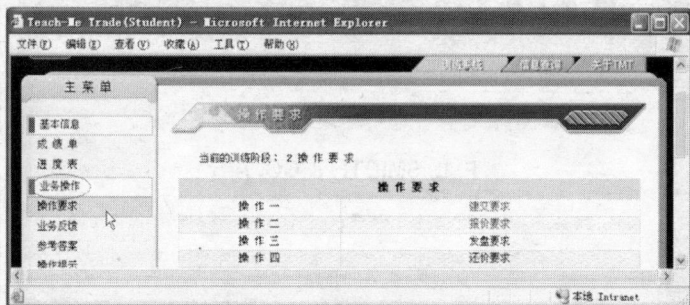

图 6 - 11

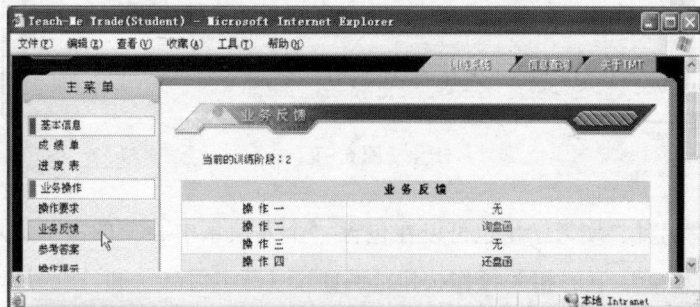

图 6 - 12

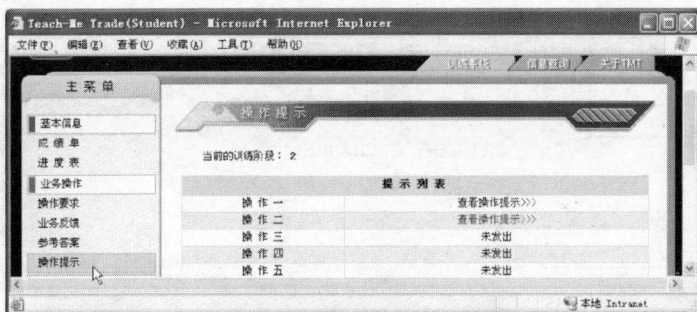

图 6 - 13

4. 提交已完成的实验项目

仔细阅读和理解"操作要求"和"业务反馈",然后结合"操作提示",用 Word 或 Excel 文件格式完成实验项目的具体业务操作,如建立业务关系、发盘和还盘函的撰写和单据的填制等(见图 6 - 14 与图 6 - 15)。

图 6 - 14

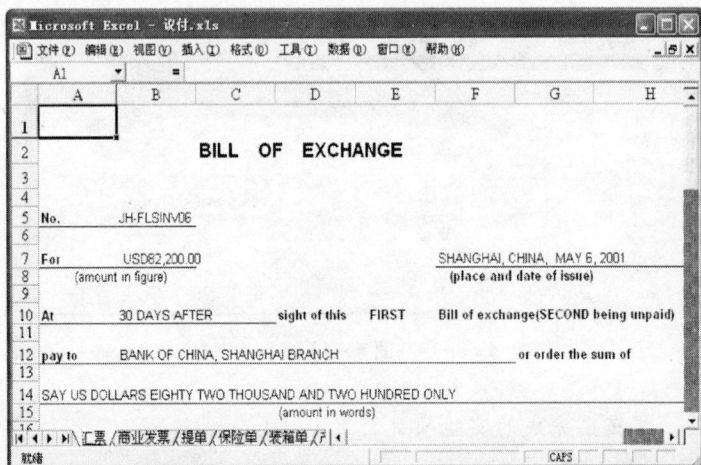

图 6 – 15

完成所撰写和保存的文件后，实习的学生务必记住该文件名和存放的路径。

然后，点击左侧"主菜单"中的"业务操作"项下的"提交作业"，并且在下拉菜单中选择相应的操作环节，例如"操作1——建立业务关系"，然后再点击"浏览"按钮，找到拟提交的文件，确定无误后，点击"提交"按钮。如果"提交"仍然处在被允许的状态中，当实习学生发现自己提交的文件有错误时，可以即时修改已提交的文件，进行再一次的提交，这样，新提交的文件就会覆盖已提交的错误文件（见图 6 – 16 与图 6 – 17）。

当看到页面上显示"……was successfully uploaded!"的提示时，可知文件已成功提交，一个实验项目操作就此完成。

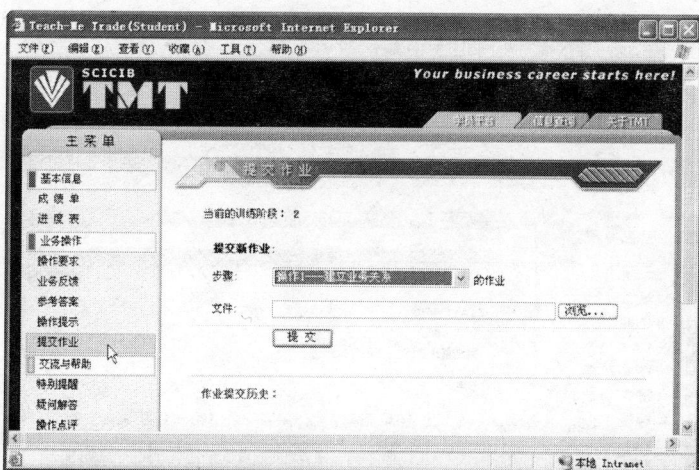

图 6 – 16

图 6 – 17

　　借助 TMT 完成的实验过程是完全按照国际货物买卖的实际业务流程安排的，所以只有当实验项目进行到某环节时，才能提交这一实验项目环节的操作结果，提前提交既不符合国际贸易流程业务的逻辑，也不会被实习系统接受，系统会提示"Error! 不允许提交！"。另外，整个实验过程的实验有时间进度要求，每一项实验工作都有规定的完成时间，参加实习的学生应该及时完成提交，逾期提交，将会被系统拒绝（见图6－18）。

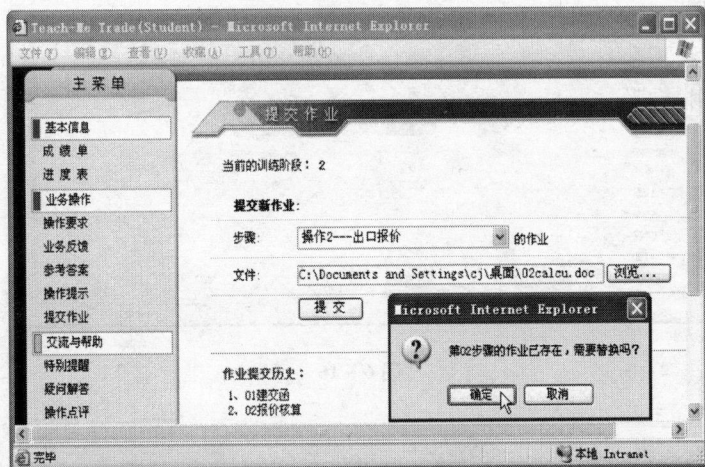

图 6－18

虽然 TMT 软件系统并没有对所提交的实验操作文件的名称和类型作出明确的硬性的规定，但建议实习学生按照一定的规则对每次提交的操作文件进行命名，以便形成清晰的文档备份，同时养成良好的文件归档习惯。

5. 实验评估

提交实验项目操作后，实习学生可以在进行下一个实验项目操作之前，查看上一个实验项目操作的参考答案。认真仔细地将自己的操作结果与系统提供的参考答案进行比较，这不但有利于后续实验项目操作的顺利完成，还可以降低错误的发生率。这一操作类似于在公司向有工作经验的人员请教。

查看上一个实验项目操作的"参考答案"有两条途径。一是通过进入"个人信息中心"页面，点击"参考答案（新）"来查看系统最新发布的参考答案。二是通过点击左侧主菜单中的"参考答案"来浏览历次实验项目操作的参考答案（见图 6-19 与图 6-20）。

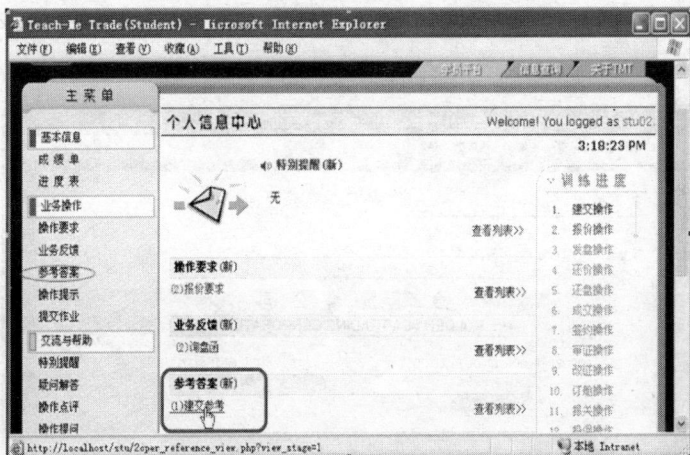

图 6-19

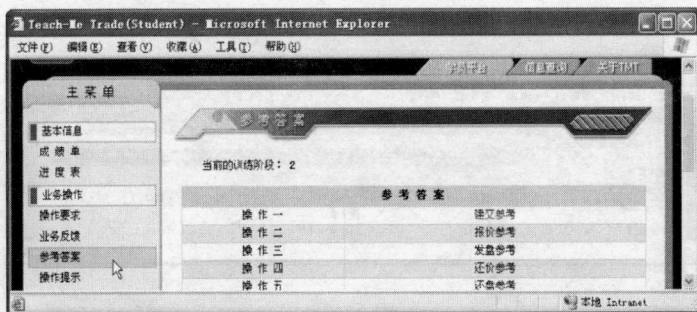

图 6-20

由于实验指导人员有限，实习学生不可能在每一次实验项目结束后都能通过系统得到实验指导人员的及时点评，得到他们的修改意见。但是，实验指导人员会随机抽查一些实习学生的实验项目完成情况。实习学生可以点击左侧主菜单中的"操作点评"来查看实验指导人员是否给出了有关修改意见。如果有修改意见,一定要认真阅读。另外,如果实习学生的某一实验项目操作得到了实验指导人员的评阅,实习学生还可以通过点击左侧主菜单中的"成绩单"来了解自己某一实验项目的具体操作成绩(见图6–21与图6–22)。

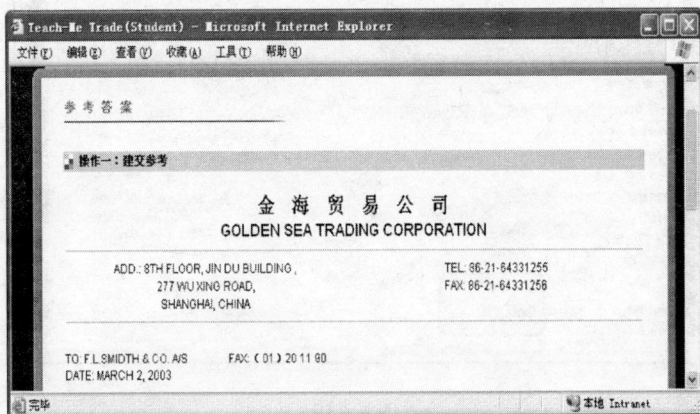

图 6 – 21

图 6 – 22

实习学生还可进入"个人信息中心"主页,点击"操作点评(新)"获得实验指导人员给出的最新操作点评,或者点击左侧主菜单中的"操作点评"来查看所有点评(见图6–23与图6–24)。

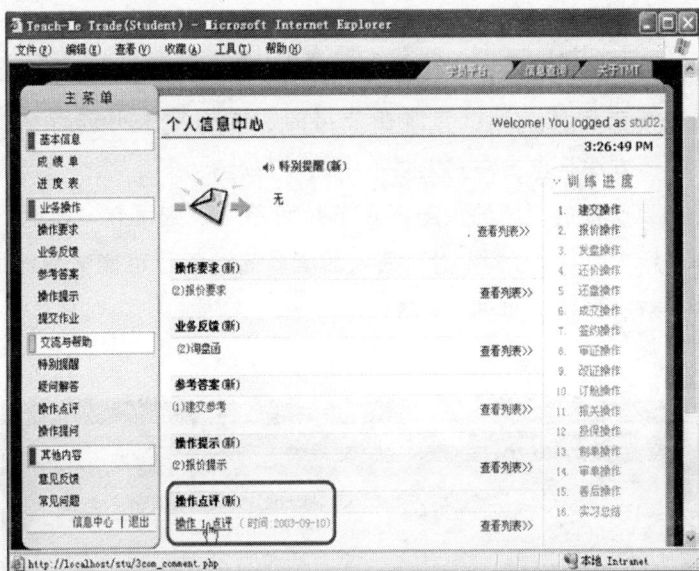

图 6 – 23

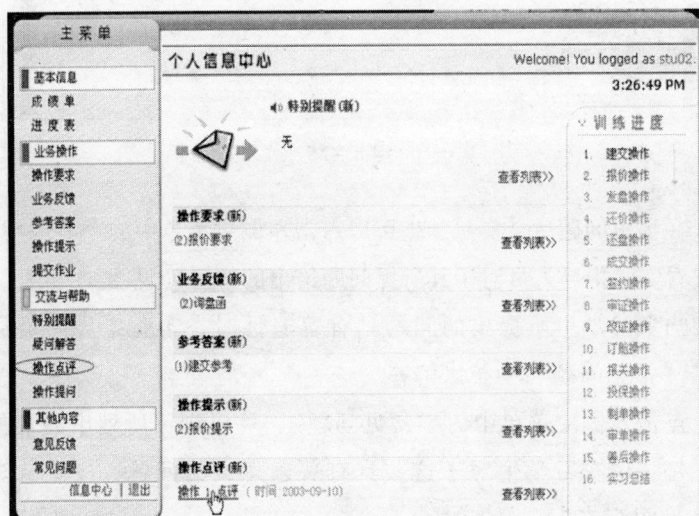

图 6 – 24

6. 实验问题交流

在实验过程中，如果实习学生在操作要求、业务反馈、参考答案、操作提示和操作点评等方面存在疑问，或者有其他实习业务问题需要咨询，可以与所在公司的实验指导人员进行在线沟通。具体方法是点击左侧主菜单中的"操作提问"，选择适当的主题（如果所提的问题的主题不在下拉菜单中，则可在"其他"栏内直接输入）。实习学生对所遇到的实验问题要尽可能清楚地加以表述，然后发送（见图 6－25）。

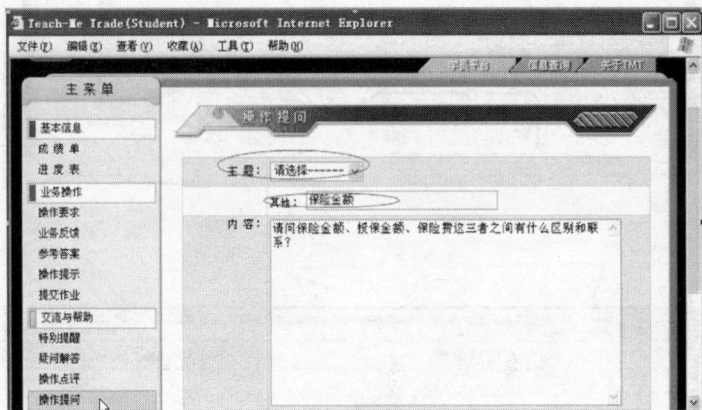

图 6－25

在提出问题后，实习学生可以点击左侧主菜单中的"疑问解答"来查看实验指导人员对于其所提问题给出的解答（见图 6－26）。

当实习学生所提出的问题具有普遍性时，实验指导人员通常会在"常见问题"中予以解答。

点击左侧主菜单中的"常见问题"，可以浏览所列出的常见问题。每一位实习学生对于这些具有普遍意义的问题，应该认真阅读（见图 6－27）。

如果实习学生所在的实习公司有比较重要的消息要发布，或

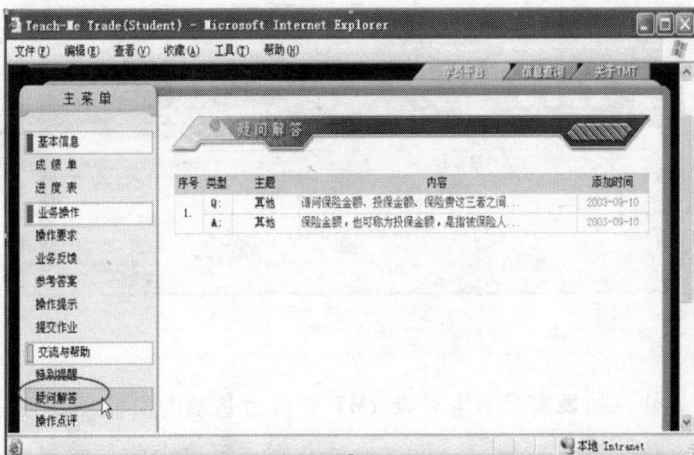

图 6 - 26

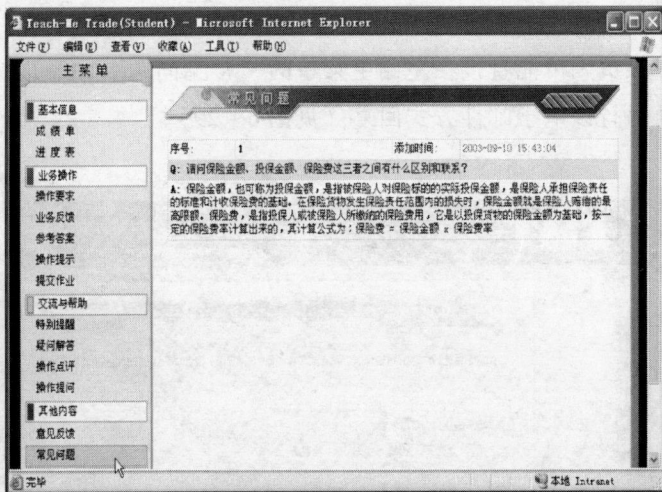

图 6 - 27

者实验指导人员有重要通知要发布，实习学生可以在"个人信息中心"主页上的"特别提醒"栏目中获得相关的、最新的准确信息（见图 6-28）。

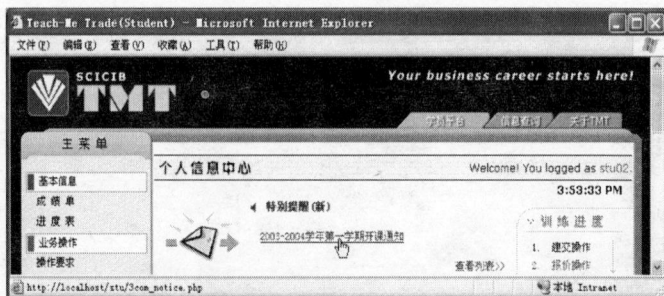

图 6 – 28

　　另外，如果实习学生对以 TMT 平台为基础的实验项目或软件系统有什么意见或建议，可以通过左侧主菜单中的"意见反馈"向实验指导人员提出。在提问时，实习学生一定要正确地填写自己的电子邮件地址，以便能收到实验指导人员通过电子邮件发送的反馈信息。当然，如果实习学生所提出的意见具有普遍性，实验指导人员则可能直接在左侧主菜单的"常见问题"中予以解答，而不再另行以电子邮件方式回复（见图 6 – 29）。

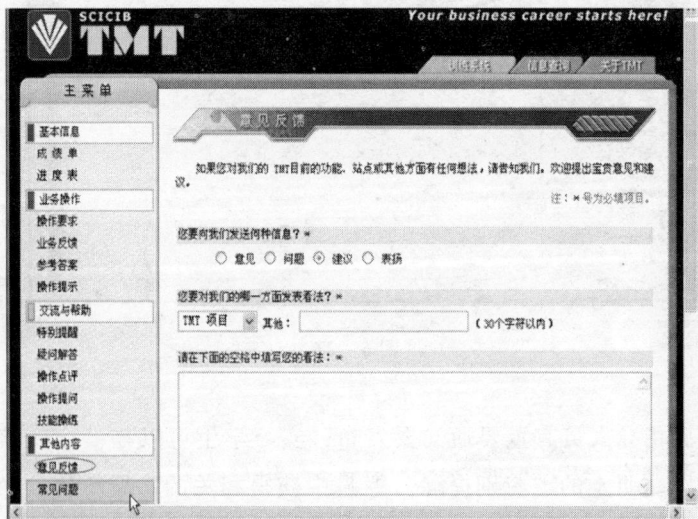

图 6 – 29

（二）实验信息查询

在依托 TMT 软件平台进行实验的过程中，为了顺利完成某些实验项目，实习学生在进入"信息查询系统"时，需要点击主页右上方的"信息查询"标签。"信息查询系统"的页面，主要涉及以下三方面的信息内容：商品资料、费率查询和文档下载。所有的这些信息都是公开的（见图 6 – 30）。

图 6 – 30

1. 商品资料

在 TMT 实习系统中，实习学生要根据自己所进入的实习公司，查询公司所经营的产品，即交易标的的基本商品信息。具体操作程序是点击"信息查询系统"主页面的"商品资料"，系统即进入"交易商品资料查询中心"；然后，通过"选择商品大类"或输入

"货号"的方式查询，即可以得到有关交易标的品名、货号、外形、包装方式、包装尺码、包装重量、含税采购成本等信息。浏览实习公司的交易商品信息，可以使实习学生对公司所经营的产品有一个初步的了解和认识，同时也为相关实验项目的完成，如发盘函的撰写、出口报价和成本的核算、报关等环节打下基础。

在进行"商品资料"的查询时，务必仔细阅读该页面右下方的"注意"和"特别提醒"，以保证信息的准确查询（见图6－31）。

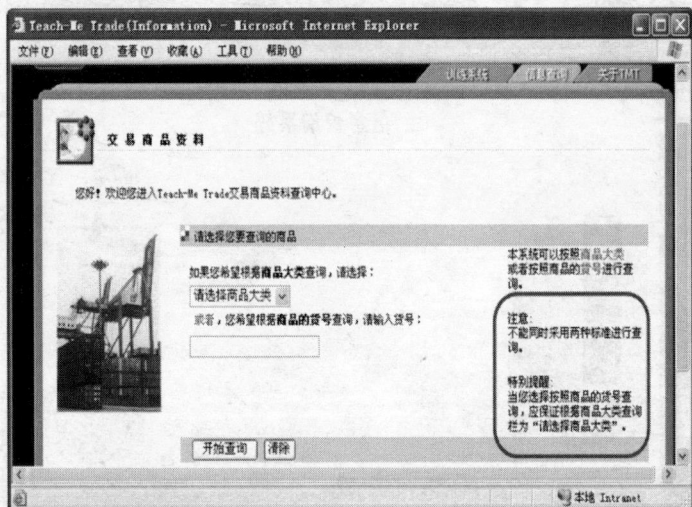

图 6－31

（1）如果选用商品大类方式进行"商品资料"查询，应该在"请选择商品大类"的下拉菜单中进行商品选择（如灯具），然后点击"开始查询"，于是此类商品的详细信息就显示出来了（见图6－32与图6－33）。

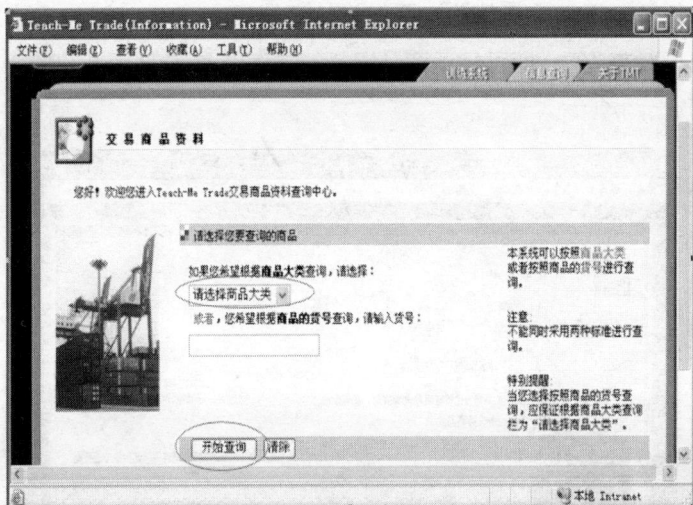

图 6 – 32

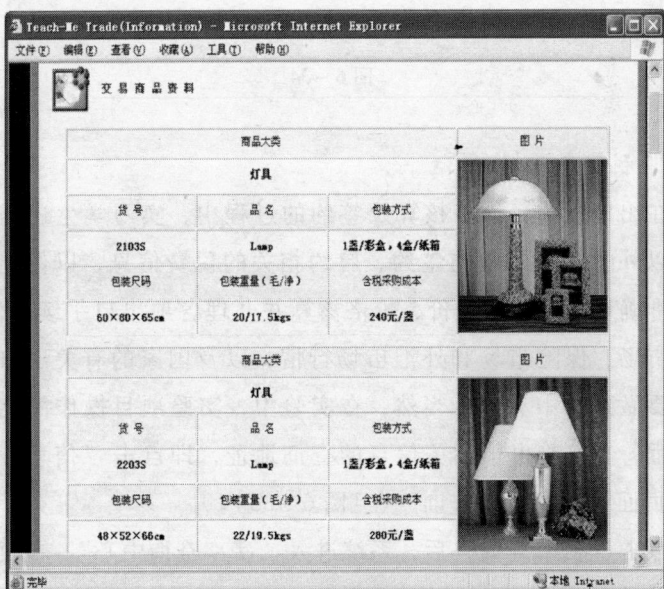

图 6 – 33

（2）如果选择按"商品货号"方式查询，实习学生需要在"请输入货号"下的空格处输入要查找的商品货号（如2203S），然后点击"开始查询"，即可显示商品资料的查询结果（见图6-34）。

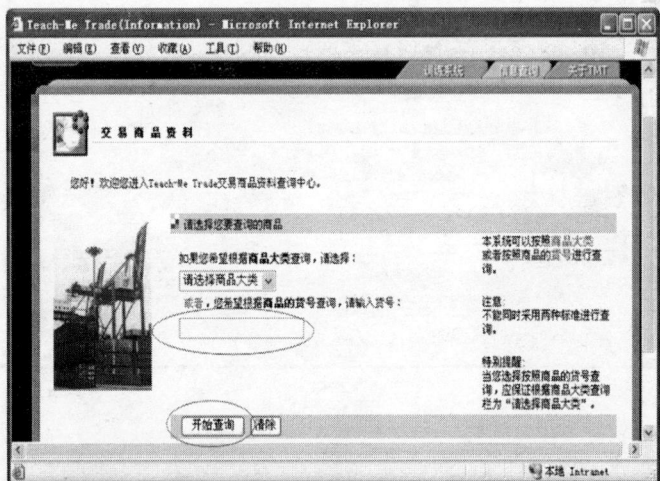

图 6-34

2. 税费查询

在出口报价、价格核算及签约的过程中，实习学生还需要从公司以外的渠道了解与签约、履约相关的税费信息，以便能够合理、准确地完成出口报价、价格核算并办理各项出口手续。例如，运输市场、保险市场和外汇市场行情，以及国家的有关出口政策等，要做到心中有数。当然，在实验中，实验项目操作简化了这一过程，直接给出了相关信息的查询地址，即点击"信息查询系统"页面中的"费率查询"（见图6-35）。

点击"费率查询"后，系统进入"费率查询中心"。在页面右侧可以看到，实习学生可以进行四个方面的费率信息查询，即货物等级表、海洋运价表、海关税则表和外汇汇率表（见图6-36）。

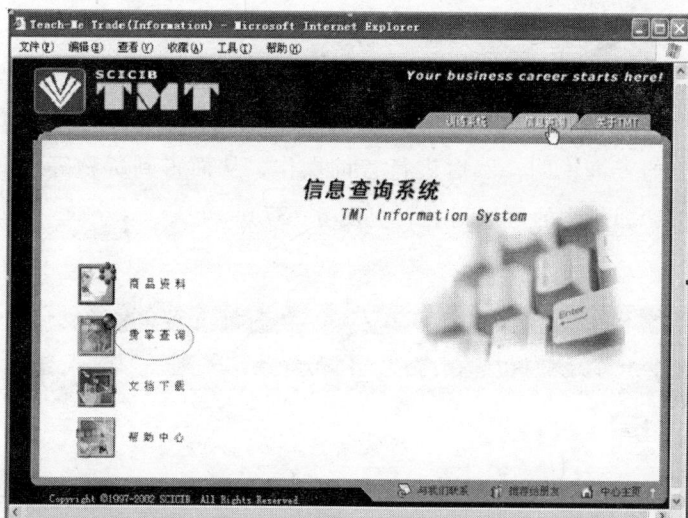

图 6 – 35

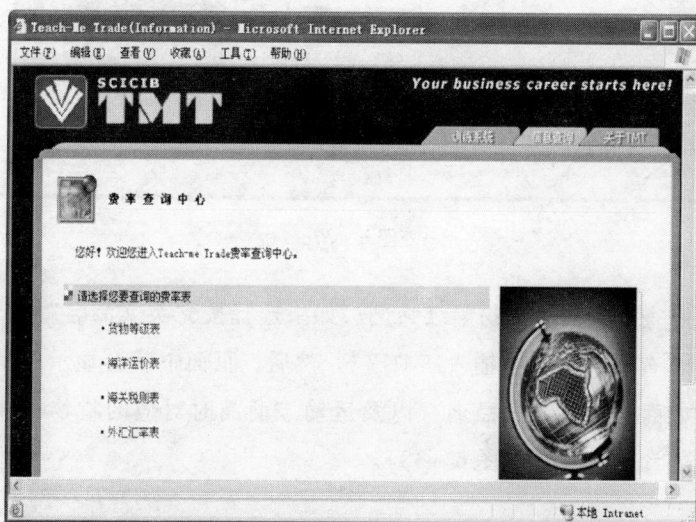

图 6 – 36

（1）货物等级表。货物等级表用于查询进出口货物的等级，计算运费时会用到这一信息。实践中，进出口商需要通过与货运代理和船公司沟通获取相关信息。

实验中，实习学生通过点击"货物等级表"可以看到包含"查询方式"和"查询条件"的页面，这时要注意仔细阅读页面中间部分的查询说明，然后进行查询操作，从而得到货物等级的查询结果，即货物的等级列表（见图 6 - 37）。

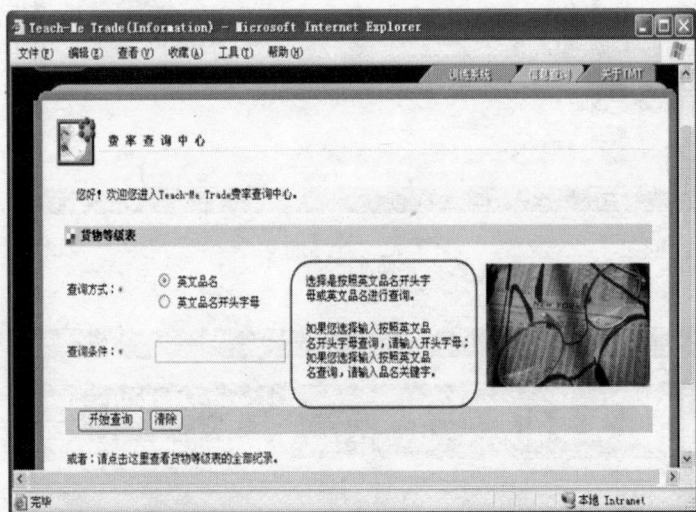

图 6 - 37

以查询玩具的货物等级为例。如果选择按"英文品名"查询，则在"查询条件"中输入"TOY"，然后，页面中就会显示查询结果，如商品的中英文品名，以及运输该商品时对应的货物等级和运费的计费标准（见图 6 - 38）。

编号	货名	COMMODITIES	级别 CLASS	计费标准 BASIS
1.	电动玩具	TOYS, ELECTRICALLY OPERATED	10	M
2.	玩具(木制、铁制、长毛绒制)	TOY(WOODEN, METAL, PLUSH)	8	M

图 6 - 38

如果选择按英文品名首字母查询，则在"查询条件"中输入"T"，出现在显示页面中的商品是所有以英文"T"开头的商品。例如，其中有中英文商品品名为"牙膏"和"TOOTH PASTE"的货物，其货物等级为 11 级，对应的运费计费标准是尺码吨"M"（见图 6–39）。

78.	牙刷	TOOTH BRUSH	9	M
79.	牙膏	TOOTH PASTE	11	M
80.	电动玩具	TOYS, ELECTRICALLY OPERATED	10	M
81.	玩具 (木制、铁制、长毛绒制)	TOY(WOODEN, METAL, PLUSH)	8	M
82.	童车	TRICYCLES, CHILDREN VEHICLES	9	M
83.	轮胎及内胎	TYRES & TUBES	7	M

图 6–39

如果实习学生无法确定所经营的商品在货物等级表中的确切品名表述时，还可以通过点击"费率查询中心"页面下方的"查看货物等级表的全部记录"来逐一查询，以便将运输货物归入合适的等级（见图 6–40）。

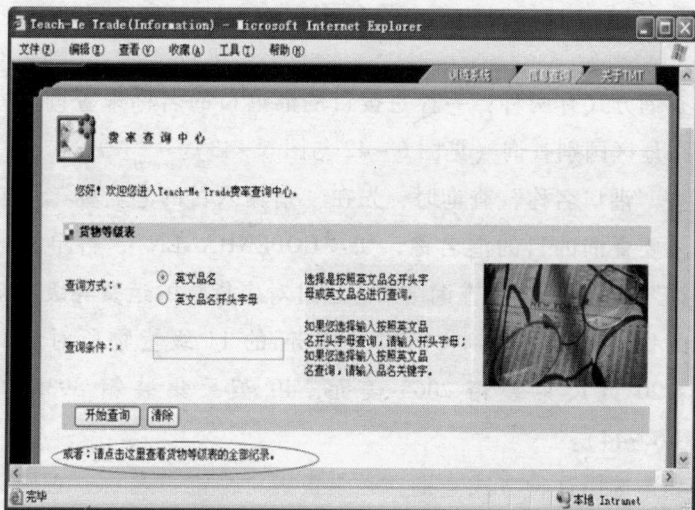

图 6–40

（2）海洋运价表。海洋运价表是用来查询出口商品的海洋运费的。操作办法是通过点击"费率查询中心"页面中的"海洋运价表"进入具体查询页面（见图6-41）。

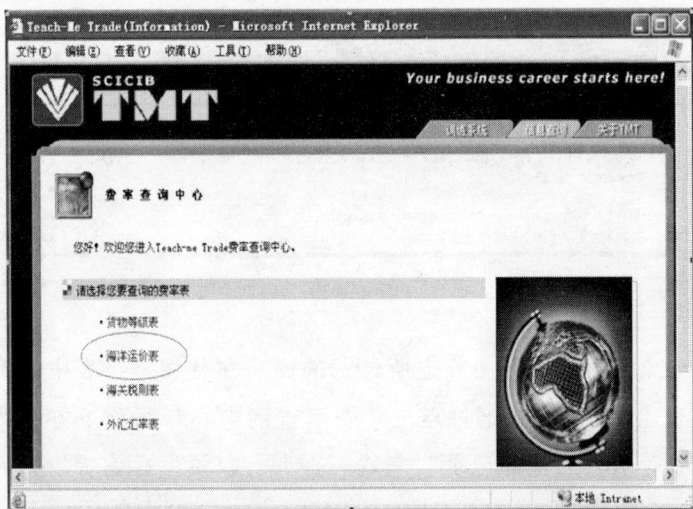

图 6-41

查询方式有两种：一种是按目的港港口的名称来查询；另一种是按地区国别查询（见图6-42与图6-43）。

按"港口名称"查询时，先在"请输入目的港名称"下空格处输入要查询的目的港名称，如"COPENHAGEN"，再单击"开始查询"，可得到以下查询结果。通过对应货物的运费等级可知道运费的费率。例如，到 COPENHAGEN 的 11 级货物所对应的运费是：20 英尺集装箱 2065 美元，40 英尺集装箱 3935 美元（见图6-44）。

如果选用这种方式查询，必须正确拼写港口名称，否则无法查找。如果实习学生不能确定港口名称的正确拼写方式，还可以采用按地区和国别查询的方式。

图 6 – 42

图 6 – 43

海洋运价表

编号	目的港 PORT OF DESTINATION	运费等级 CLASS	包箱费率1 FCL20' (USD)	包箱费率2 FCL40' (USD)	地区 AREA
1.	COPENHAGEN	1-7	2015	3875	NORTH & WEST EUROPE
2.	COPENHAGEN	8-13	2065	3935	NORTH & WEST EUROPE
3.	COPENHAGEN	14-20	2115	4125	NORTH & WEST EUROPE

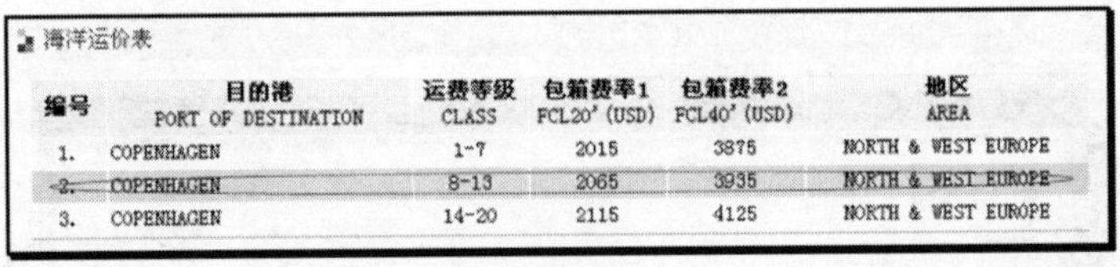

图 6 – 44

如果按地区国别查询，首先要在“请选择”下拉菜单中，选择目的港所在的地区，如对于位于丹麦的 COPENHAGEN，实习学生应该选择“西北欧”，然后点击“开始查询”，则得到查询结果，从中找到 COPENHAGEN，也就找到了货物的运费等级和对应的具体运费（见图 6 – 45 与图 6 – 46）。

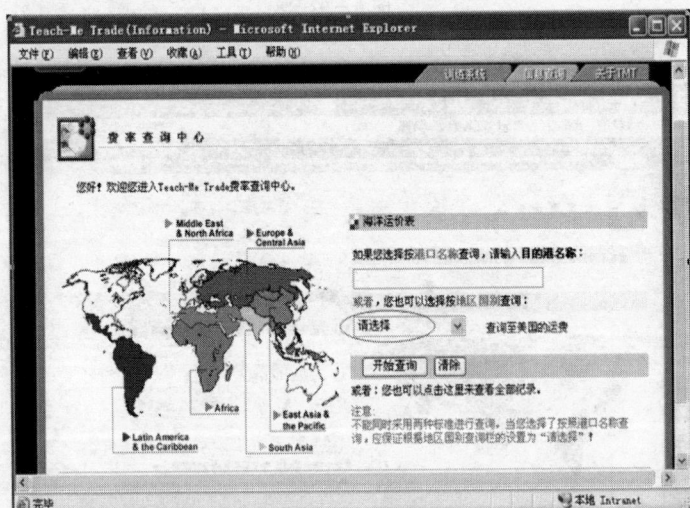

图 6 – 45

查询至美国的海洋运费则比较特殊。一般按商品分，同时还要区别美国东海岸基本港口和西海岸基本港口，因此，查询时应

海洋运价表

编号	目的港 PORT OF DESTINATION	运费等级 CLASS	包箱费率1 FCL20' (USD)	包箱费率2 FCL40' (USD)	地区 AREA
38.	BREMEN	1-7	2000	3750	NORTH & WEST EUROPE
39.	BREMEN	8-13	2050	3810	NORTH & WEST EUROPE
40.	BREMEN	14-20	2100	4000	NORTH & WEST EUROPE
41.	COPENHAGEN	1-7	2015	3875	NORTH & WEST EUROPE
42.	COPENHAGEN	8-13	2065	3935	NORTH & WEST EUROPE
43.	COPENHAGEN	14-20	2115	4125	NORTH & WEST EUROPE
44.	DUBLIN	1-7	2410	4400	NORTH & WEST EUROPE
45.	DUBLIN	8-13	2460	4460	NORTH & WEST EUROPE
46.	DUBLIN	14-20	2510	4650	NORTH & WEST EUROPE

图 6－46

该注意加以区分。如果实习学生需要查询的目的港口在美国，则应首先点击“查询至美国的运费”，然后进入美国运费查询页面（见图 6－47）。

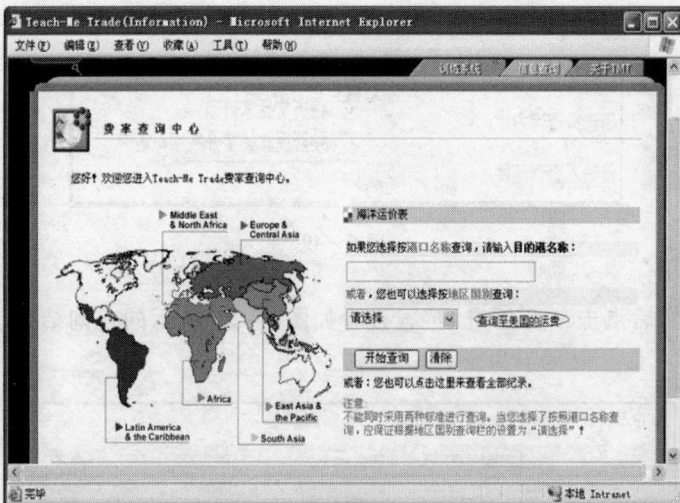

图 6－47

现以查询到纽约的 20 英尺整箱玩具的海洋运费为例进行具体说明。

按英文品名查询，在查询条件中输入"toy"（见图 6 – 48 与图 6 – 49）。

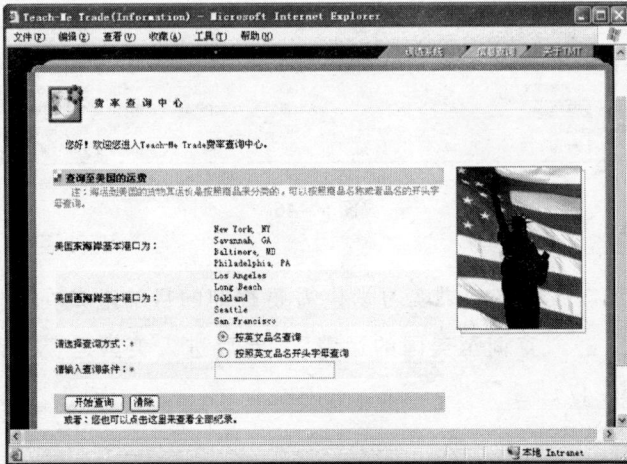

图 6 – 48

图 6 – 49

然后点击"开始查询"，查看如图 6 – 50 所示的查询结果。

NO.	COMMODITY DESCRIPTION	RATE BASIS	WEST	EAST
1.	TOYS ALL KINDS	PC20	1850	2200
2.	TOYS ALL KINDS	PC40	2800	2950

图 6 – 50

纽约在美国的东海岸，因此应该选取最右侧的一列"EAST"，查找到 20 英尺集装箱整箱海洋运费为 2200 美元。

如果按英文品名开头字母查询，则在查询条件中输入"t"（见图 6 – 51）。

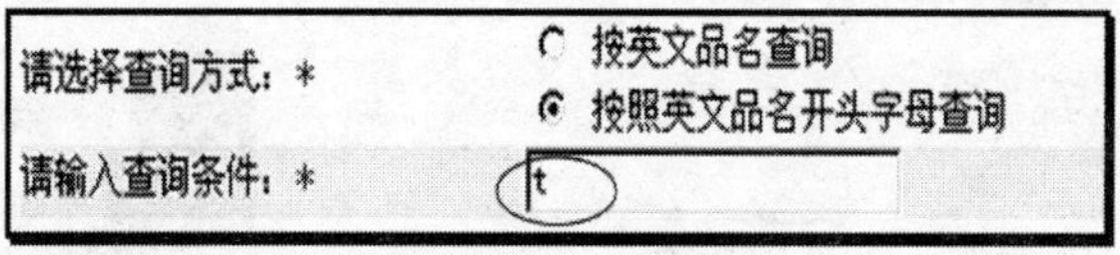

请选择查询方式：*	○ 按英文品名查询
	◉ 按照英文品名开头字母查询
请输入查询条件：*	t

图 6 – 51

然后单击"开始查询"，查看如图 6 – 52 所示的查询结果。

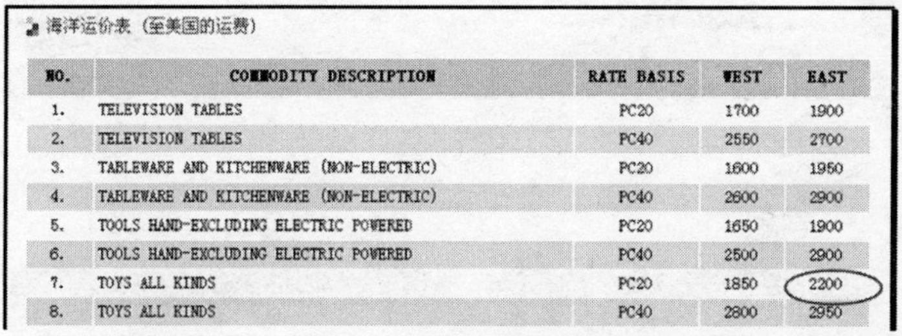

海洋运价表（至美国的运费）

NO.	COMMODITY DESCRIPTION	RATE BASIS	WEST	EAST
1.	TELEVISION TABLES	PC20	1700	1900
2.	TELEVISION TABLES	PC40	2550	2700
3.	TABLEWARE AND KITCHENWARE (NON-ELECTRIC)	PC20	1600	1950
4.	TABLEWARE AND KITCHENWARE (NON-ELECTRIC)	PC40	2600	2900
5.	TOOLS HAND-EXCLUDING ELECTRIC POWERED	PC20	1650	1900
6.	TOOLS HAND-EXCLUDING ELECTRIC POWERED	PC40	2500	2900
7.	TOYS ALL KINDS	PC20	1850	2200
8.	TOYS ALL KINDS	PC40	2800	2950

图 6 – 52

另外，实习学生还可以通过点击页面下方的"全部记录"来查询至美国的各种商品的海洋运价表总表（见图 6 – 53）。

（3）海关税则表。海关税则表是用来查询进出口关税、增值税和消费税的。实习学生通过点击"海关税则表"进入查询系统。实习学生先要仔细阅读页面底部的查询注意事项，然后再进行查询。具体查询方式包括两种：一种是按商品大类进行查询；另一种是通过直接输入商品名称进行查询（见图 6 – 54 与图 6 – 55）。

图 6 – 53

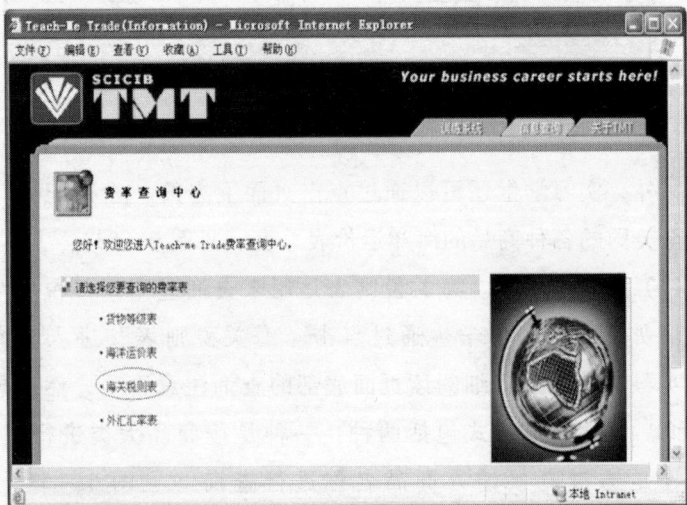

图 6 – 54

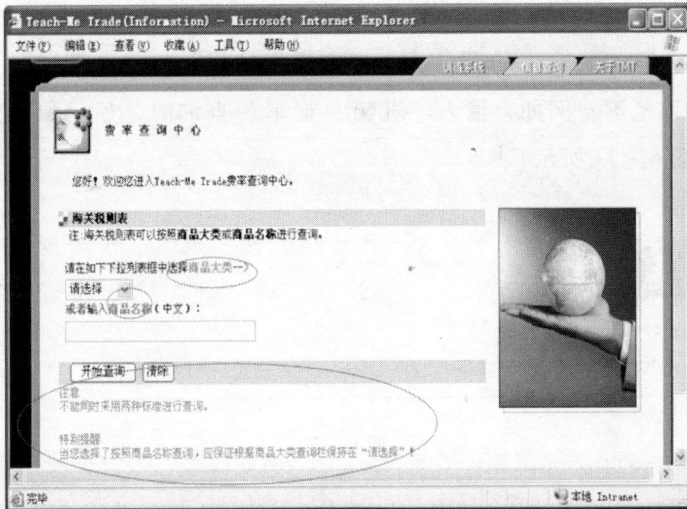

图 6 - 55

现在以查找"儿童自行车"的税则号和税率为例进行具体操作说明。在"请选择"下拉菜单中选择商品大类"轻化工类"。然后点击"开始查询"。在查询结果中，根据商品特性归入适当税目，例如"儿童自行车"归入"9501.0000 供儿童乘骑的带轮玩具"，查看相应的税率资料，可查到进口关税为 40%，增值税为 17%（见图 6 - 56）。

进 出 口 关 税 及 其 他 税 收 综 合 一 览 表

NO.	税则号列	货品名称	出口关税	进口关税	增值税	消费税	商品大类
190.	9405.3000	圣诞树用的成套灯具	0	40	17	0	轻化工类
191.	9501.0000	供儿童乘骑的带轮玩具	0	40	17	0	轻化工类
192.	9502.1000	玩偶	0	35	17	0	轻化工类
193.	9503.1000	电动火车及附件	0	40	17	0	轻化工类
194.	9503.3000	其他建筑套件及建筑玩具	0	40	17	0	轻化工类
195.	9503.4100	填充玩具、动物及毛绒制品	0	40	17	0	轻化工类
196.	9503.8000	其他带动力装置的玩具及模型	0	40	17	0	轻化工类
197.	9504.4000	扑克牌	0	40	17	0	轻化工类

图 6 - 56

另外，实习学生也可以直接输入中文的商品名称进行查询。查询时，如果输入的商品品名查询没有结果，建议在重试时，扩大查询范围。例如，输入"儿童自行车"查询时，显示如下信息（如图 6 – 57 所示）。

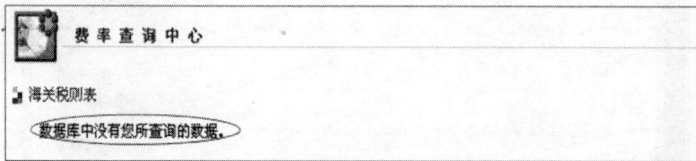

图 6 – 57

要扩大"儿童自行车"的查询范围，重新输入"玩具"进行查询，然后就可以得到如图 6 – 58 所示的查询结果。

NO.	税则号列	货品名称	出口关税	进口关税	增值税	消费税	商品大类
1.	9501.0000	供儿童乘骑的带轮玩具	0	40	17	0	轻化工类
2.	9503.3000	其他建筑套件及建筑玩具	0	40	17	0	轻化工类
3.	9503.4100	填充玩具、动物及毛绒制品	0	40	17	0	轻化工类
4.	9503.8000	其他带动力装置的玩具及模型	0	40	17	0	轻化工类

进 出 口 关 税 及 其 他 税 收 综 合 一 览 表

图 6 – 58

（4）外汇汇率表。在外汇汇率表中可查询"中国银行人民币当日外汇牌价"，具体办法是通过点击"外汇汇率表"进入查询系统（见图 6 – 59 与图 6 – 60）。

3. 文档下载

点击"信息查询系统"主页面上的"文档下载"，进入"下载相关文档"页面（见图 6 – 61 与图 6 – 62）。

图 6 - 59

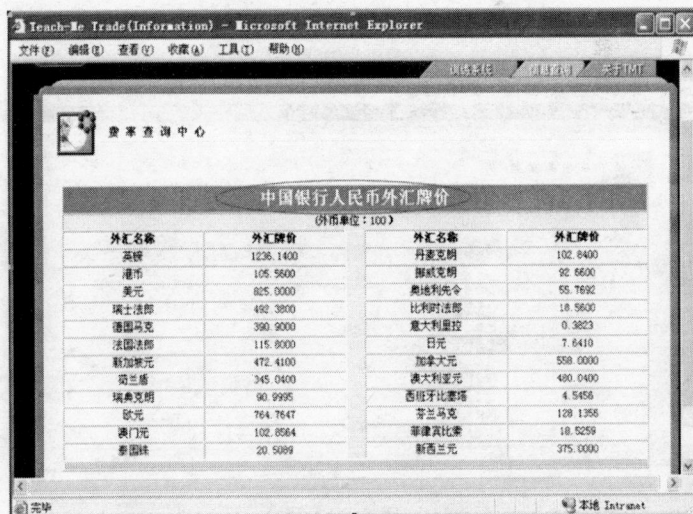

图 6 - 60

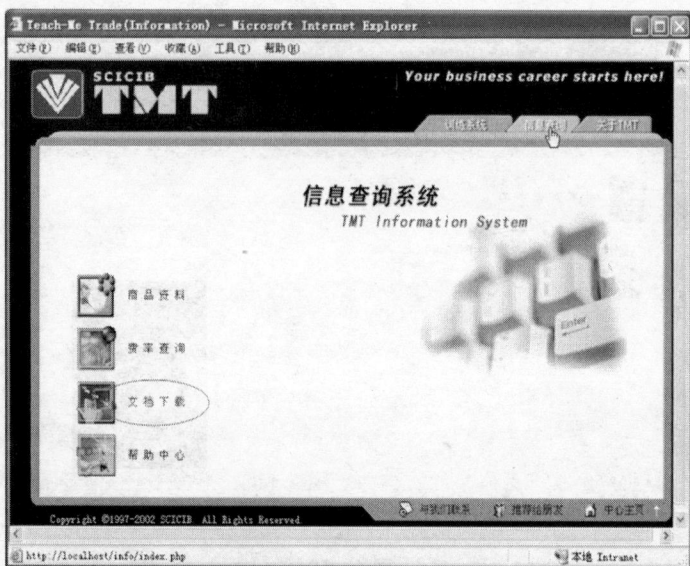

图 6-61

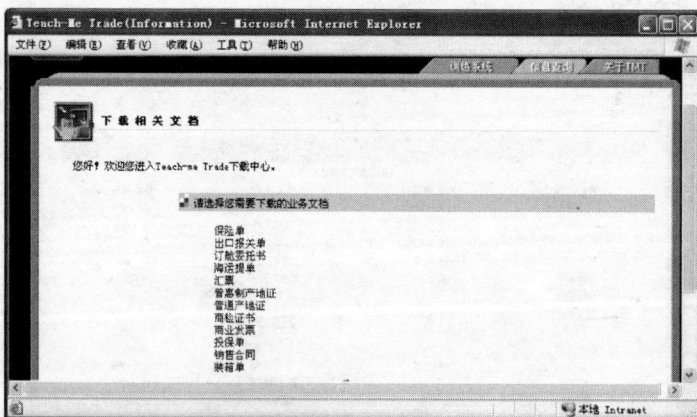

图 6-62

在实验过程中，根据实验项目的具体要求和需要填制某些相

关文件，如商业发票、出口报关单和产地证等。下载中心提供了
这些空白文件，实习学生可以在此下载，填制完毕后提交实验指
导人员。

下载具体文件时，先点击所需要下载的文件名，系统就会自
动弹出一个新的窗口，然后选择"将该程序保存到磁盘"，再单击
"确定"即可（见图 6-63）。

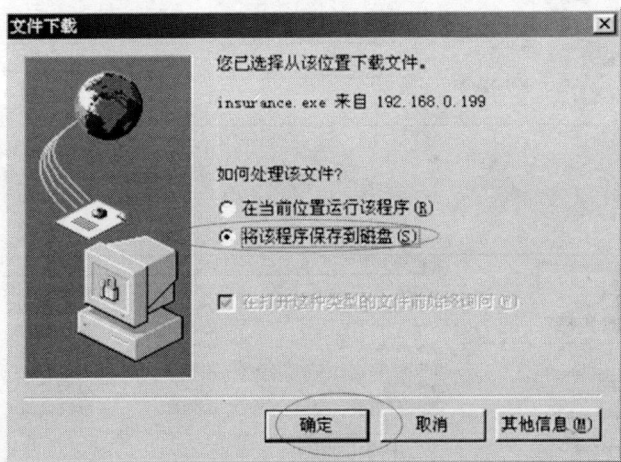

图 6-63

在弹出的"另存为"窗口中，选择适当的存储地址，如，
"C：\ my documents \ "下，文件名为"insurance"，保存类型为
"应用程序"，然后点击"保存"（见图 6-64）。

文件下载完毕后，打开保存该文件的文件夹，如"C：\ my
documents"，双击文件"insurance. exe"（见图 6-65）。

再在窗口中的"Unzip to folder："的文本框内输入解压缩目
录，如"D：\ TMT \ download \ "，点击"Unzip"（见图 6-66）。

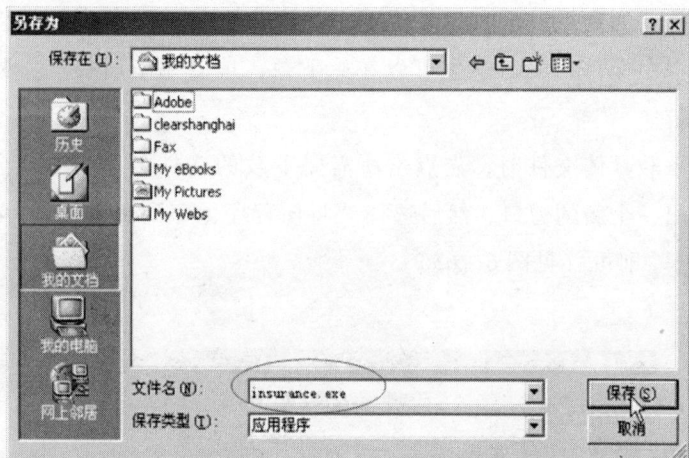

图 6 – 64

图 6 – 65

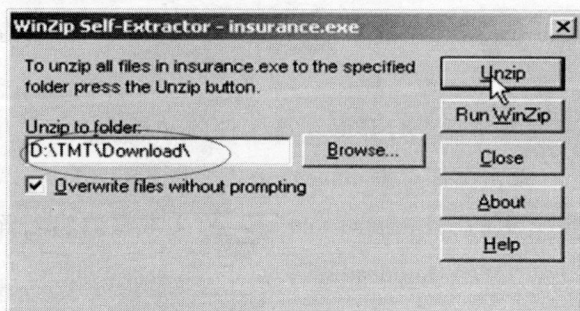

图 6 – 66

在此后弹出的"WinZip Self-Extractor"对话框中再点击"确定"(见图 6 - 67)。

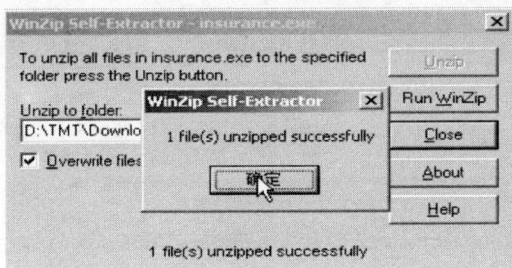

图 6 - 67

进入该文件的解压缩目录,如"D:\ TMT \ Download \ ",就可以看到一个 Excel 文件,如"保险单.xls"。双击打开该文件,便可以进行保险单的填制(见图 6 - 68 与图 6 - 69)。

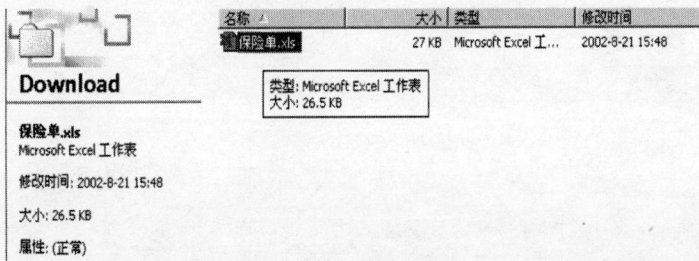

图 6 - 68

如果实验中需要填制其他文件和单据,如合同、汇票和商业发票等,可采用同样的方法先进行空白文件和单据的下载,然后按要求填制。

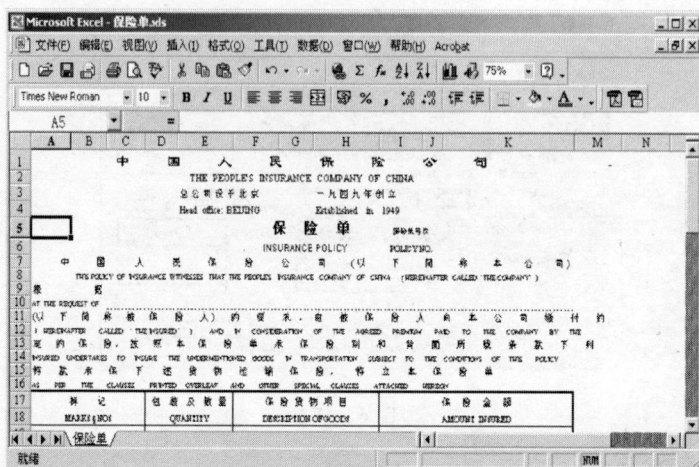

图 6-69

第七章 英文信函的格式和结构

任何一笔跨国交易从开始到完成都离不开交易双方之间以商务书信方式进行的沟通。科技的发展让当前的商务沟通有了更多快捷和方便的沟通方式，但是，学会撰写书面的专业英文信函仍然十分必要。因为，在很多场合我们与自己的客户是无法进行面对面的沟通和合作的，因此，我们经常需要撰写大量的信函与自己的客户、供货商、银行、律师和媒体进行信息沟通或作为法律依据进行备案。现在，国际商务的主要语言仍然是英语，因此学习并掌握商务沟通的基本知识、英文商务信函写作的主要格式和结构就显得尤为重要。本章对英文商务信函知识的说明强调其可操作性，为加强学生的实践能力提供了一定的实例，可以帮助学生更快、更容易、更有效地掌握撰写商务信函的知识从而能与自己的客户进行更好的沟通。

一 英文书信的格式

英文书信的格式分为齐头式（Block Format，也翻译成平头式）和缩进式（Indented Style）。缩进式是英国常用的格式。齐头式又分为完全齐头式（Full Block Format）和改良齐头式（Modified Block Format）。

完全齐头式就是信函中的文字除了已印好的信头通常是居中设计之外，其他写信人要写的文字都是从左侧开始顶格写的，也就是从左边看，信函中的所有文字从上到下都是对齐的（如图 7 - 1 所示）。目前使用这种格式的人较多，是常用的书信格式。改良齐头式类似于完全齐头式，只是信函的日期和签名写在右侧的中间位置。缩进式的英文书信，其正文的每段文字的首行都要向右缩进 4 个英文字母，信函日期和发信人的地址写在右侧中间的位置，如图 7 - 2 所示。

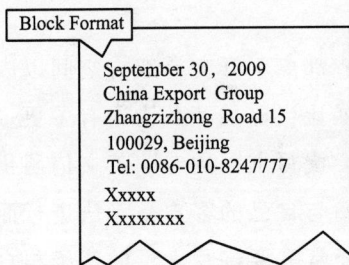

Block Format

September 30，2009
China Export Group
Zhangzizhong Road 15
100029, Beijing
Tel: 0086-010-8247777

Xxxxx
Xxxxxxxx

图 7 - 1　完全齐头式

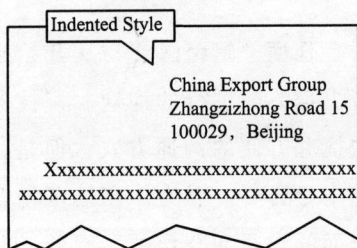

Indented Style

China Export Group
Zhangzizhong Road 15
100029，Beijing

Xxxxxxxxxxxxxxxxxxxxxxxxxxxxxxxx
xxxxxxxxxxxxxxxxxxxxxxxxxxxxxxx

图 7 - 2　缩进式

二　英文书信的结构

英文书信的结构通常包括这样一些元素：信头（Letterhead）、发信人地址（Sender's Address）、发信人写信的日期（Date）、收信人地址（Inside Address）、称谓（Salutation）、事由（Subject Line）、信函正文（Body of Letter）、信尾敬语（Complimentary Close）、签名（Signature Block）和信函的其他部分，（如图 7 - 3 所示）。

Letterhead	XYZ Company ABC Road,City DEF Tel: (086)4150400 Fax : (086)4150401 Web Site: www.xyz.com
Sender's Address	Christina Donnelly Manager, Department of Marketing 10 Berkshire Square, S treet 1288 New York , USA
Date	October 7, 2009
Inside Address	Ms. Yanling Li Room 607 Building 206 Wangjing Garden, Chaoyang Beijing100102 P.R.of China
Subject Line	Subject: Letterhead of Business Letters
Salutation	Dear Yanling
Body of Letter	Generally speaking, Business Letters and Documents are with letterhead. Personal letters are without letterhead. You can design Letter Template for using in future. Your letter template should be creative! Letterhead includes your company name, mailing add email address, phone number, etc. ress, □Letterhead stationery□ (not stationary) refers to the sheets of special paper and matching envelopes that have an organization□s logo and contact information (the return address) already printed on them.
Complimentary Close	Your sincerely,
Signature Block	Christina Donnelly Christina Donnelly Manager, Department of Marketing
Initialing	CD: gls
Enclosur	Encls. 2 brochures
Copies To	cc. Mary Davis

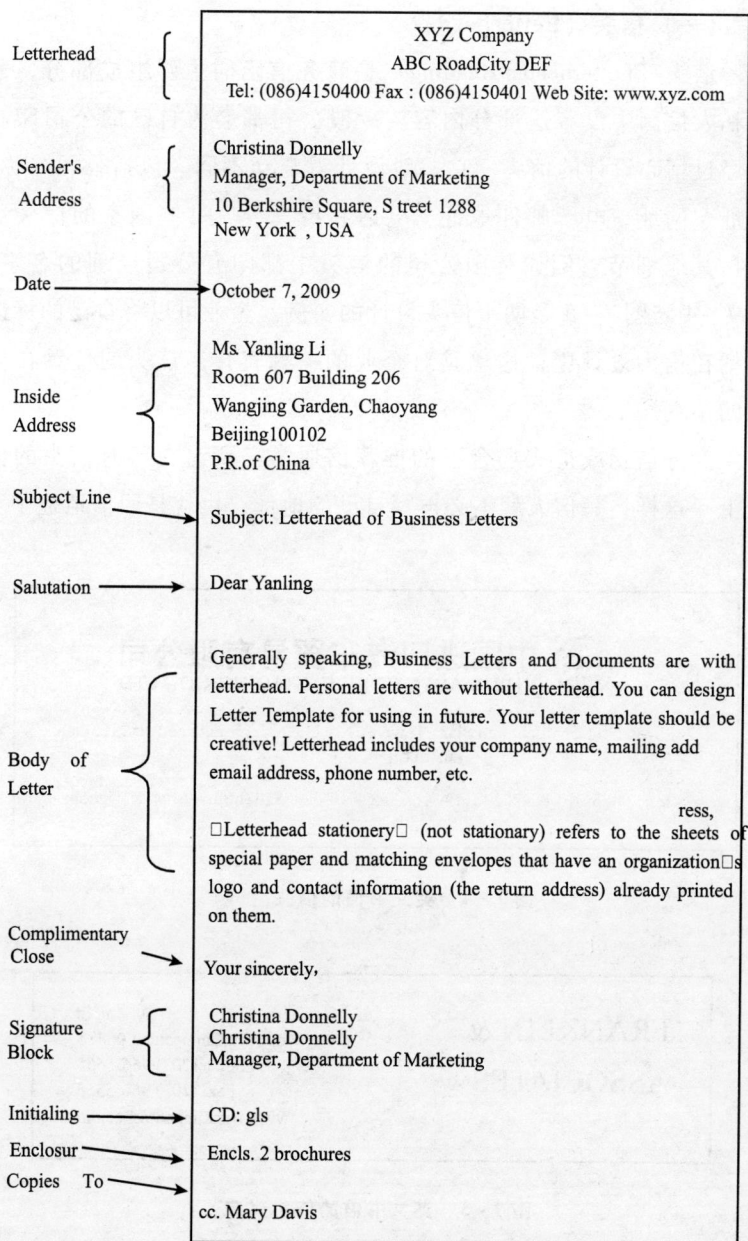

图 7－3　英文书信的结构

（一）信头（Letterhead）

信头（Letterhead, Heading）是商务信函的主要组成部分，通常私人信函中没有这部分内容。一般公司都会为自己的公司印制好经过精心设计的信头。它一般设计得与众不同，包括公司名称、地址、网址、电子邮件地址、电话和传真号。有些国家的信头还包括其他细节，例如英国公司的信头中都印有公司经理的名字。图7-4与图7-5是两个信头设计的实例。企业可以将自己的标识包括在信头设计中，这也是对企业的一种宣传。信头的位置在信纸的顶端。

商务信函或正式场合下的推荐信通常需要写在印有信头的信纸上。这样，写信人就不必再写自己的地址，也就是回信地址了。

中国进口汽车贸易有限公司
CHINA AUTOMOBILE TRADING CO., LTD

Add：F. 22/23, Millennium Plaza,Tower A,No.72,North Xisanhuan Road,Haidian District,Beijing,China

Tel：0086-010-88422222 FAX：0086-010-68488202http：//www.ctcai.com

图7-4　英文书信的信头（一）

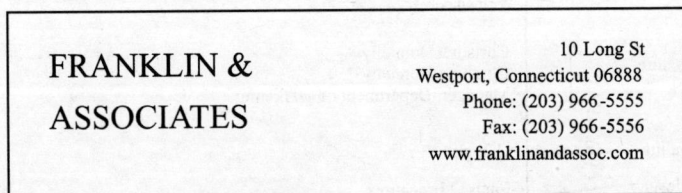

FRANKLIN & ASSOCIATES

10 Long St
Westport, Connecticut 06888
Phone: (203) 966-5555
Fax: (203) 966-5556
www.franklinandassoc.com

图7-5　英文书信的信头（二）

（二）发信人地址（Sender's Address）

发信人地址通常按顺序包括房间号、街名、地区邮政编码、城市和国家名，以及电话号码等，但是不包括写信人自己的名字，写信人的名字一般在信的最后。这一书写顺序如果与自己国家的习惯不同，也可以按自己国家的习惯顺序去写，不一定要完全依照英语国家的习惯。英国的习惯是把发信人地址安排在右上角（如图 7－6 所示）。美国的习惯是把发信人地址安排在左上角或者信尾，签名者的下方（如图 7－7 和图 7－8 所示）。

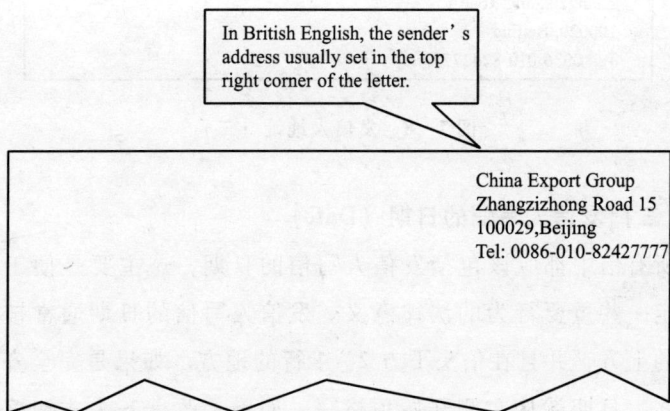

In British English, the sender's address usually set in the top right corner of the letter.

China Export Group
Zhangzizhong Road 15
100029,Beijing
Tel: 0086-010-82427777

图 7－6　发信人地址（一）

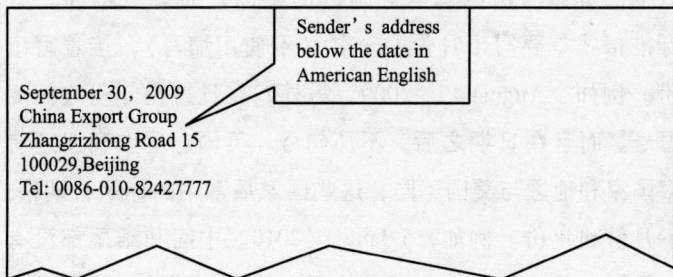

Sender's address below the date in American English

September 30，2009
China Export Group
Zhangzizhong Road 15
100029,Beijing
Tel: 0086-010-82427777

图 7－7　发信人地址（二）

如果我们在写信时使用了带有包括写信人地址的信头的信纸，就不需要再写发信人的地址了。

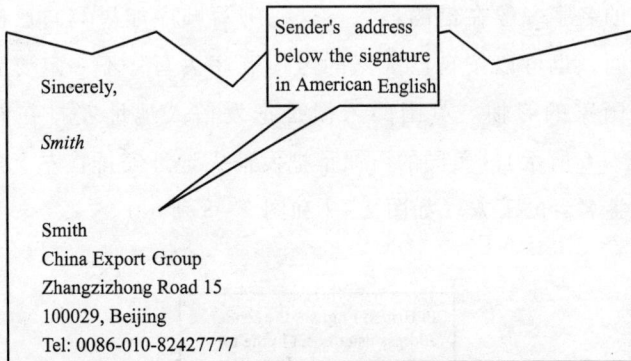

图 7 – 8　发信人地址（三）

（三）发信人写信的日期（Date）

所有信中都应该包括发信人写信的日期，这主要是便于查询和确定一些重要行为的法律意义。发信人写信的日期通常被安排在信的上方，并且在信头下方 2～4 行的地方。如果是完全齐头式的格式，日期就从左侧开始顶格写。如果是改良齐头式和缩进式的信函，日期就从信纸的中间位置开始往右写。

日期的具体写法因国家和地区的不同，而有所不同。美国日期的标准格式是要写出月份的全名（不使用缩写），接着写出日期与年份。例如，August 17，2009。另外，在日期与年份之间要加上一个逗号。而且在日期之后，不加句号。英国、澳大利亚还有另外的许多国家和地区与美国不同，这些国家最常用的标示日期格式是：日期、月份和年份。例如，5 January 2010。中间和结尾都没有标点符号，日期、月份和年份之间是使用空格来分开的。两种写法中的日期都用数字表示，不在数字后加 – st、– nd、– rd、– th。

另外，还能见到的习惯写法是：日期/月份/年份，即 14/6/

2007。但是，为了避免与国外客商沟通时发生误会，写信时建议将月份的全名完整地写出来，不要使用数字来代表月份。例如，12/6/2007。美国商人可能会认为你写的是 12 月 6 日，而不是 6 月 12 日。

美国英语

写法：October 7, 2009

位置：左上角

英国英语

写法：7 October 2009

位置：发信人地址下面，空一行的信纸右侧。如果有印就的包括发信人地址的信头存在，日期也写在左上角。

（四）收信人地址（Inside Address）

收信人地址的写法的顺序是收信人的姓名、职位、所在部门、收信人公司或单位的名称，最后是地址（见图 7 - 9）。尽可能将信写给一个具体的收信人，这样可以使你发出去的信得到收信人的及时的处理，避免石沉大海。

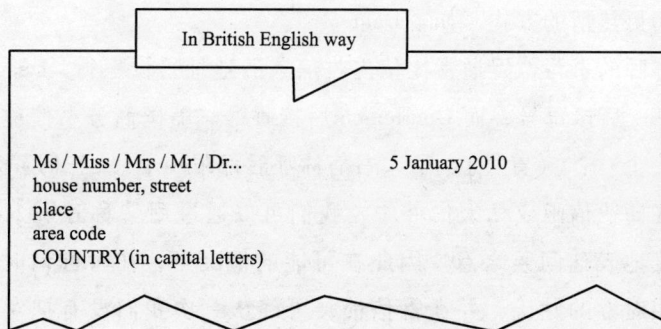

In British English way

Ms / Miss / Mrs / Mr / Dr...　　　　　　5 January 2010
house number, street
place
area code
COUNTRY (in capital letters)

图 7 - 9　收信人地址

收信人的地址，英国人的习惯是与日期在同一行或日期行的下面一行的左侧。美国人的习惯是在发信人地址下面两行的位置。

（五）事由（Subject Line）

事由或称主题行不是必须写的，但是如果使用主题行收信人就能很快知道信的主要内容。主题行通常有醒目的形状、颜色、线条等标记。例如，使用"Subject："或者"Re："这两个单词，或将有关字体加粗，或将有关字体大写。"Re："或"Ref："是"Reference"的缩写，后面通常跟合同号或订单号。例如，"Ref：Your order No. 2338A"。这样做的目的是引起收信人对信的主题的注意。英国英语是将主题行放在称呼和信的正文之间，同时上下还要各留有一空行。美国英语的主题行也可以放在收信人地址和信的称呼之间，同时上下也要各留有 1～2 个空行。目前，将主题行放在称呼之前的比较常见。

（六）称谓（Salutation）

称谓就是信开头对收信人所表示的称呼，其具体形式取决于收信人与写信人之间的关系。习惯上，商务书信中的敬语有：Dear Sir、Dir Madam、Dear Madams、Gentlemen。如果双方的关系较好，可以用更热情的方式，如"Dear Mr"。

称呼的书写位置通常比信内收信人的地址行低三行，Dear Sir/Dear Sirs 后接逗号，而 Gentlemen 后接冒号。美国商务书信称呼后都跟一个"："（冒号），私人书信称呼后都跟一个"，"（逗号）。

在商业信函或私人信件中，我们可以通过用"称呼"对收信人适度地表达问候之意。因此在可能的情况下，在写称谓时，应该写出对方的姓氏，并在寄信前，再确认一次我们没有把对方的姓名拼错。另外，还要注意与信内收信人地址中的第一行中的性别和数量保持一致。

常见的称呼"女士（Ms.）"，对于女性来说，这是很有礼貌的称呼。不管写信的对象是已婚，还是未婚；是年长的，还是年轻的，在她们的姓名前面都可以加上这样的称呼。它是可以替代小姐（Miss）和太太（Mrs.）而使用的一种综合称呼。虽然现在称呼很多已婚妇女，一般会用女士（Ms.），不过如果你能确认对方已婚，还是可以用太太（Mrs.）来称呼的。

如果写信时，只知道收信人的姓名，却不确定对方是男性还是女性，例如，Leslie Taylor、Aduab Menonie 和 E. M. Forester 等相对中性的姓名时，就可以这样称呼对方："Dear Leslie Taylor："、"Dear Aduab Menonie:" 和 "Dear E. M. Forester:"。如果不清楚收信人的性别，一定要避免使用 "Mr." 或 "Mrs." 之类的称呼。

当我们知道对方的头衔，例如，总裁（President）、运作部经理（Director of Operations）、人事部经理（Personnel Manager）等，但是不清楚对方的性别时，采用中性的称谓来称呼对方最可取，如 "Dear President"、"Dear Personnel Manager" 等。

其他的称谓还有："Dear Client"、"Dear Customer"、" Dear Member"、"Dear Friends"、"Ladies and Gentlemen"。

书信中的称谓规则是要避免过于奉承，例如，"Dear most esteemed Sir:" 就是不可取的，而 "Dear Sir:"、"Dear Mr. Forester:"、"Dear Ms. Yanling:" 和 "Dear Yanling," 是可取的。

如果你知道对方的姓名，你就应该这样来写称呼："Dear Ms/Miss/Mrs/Mr/Dr + surname（姓）" 或 "Dear Mr. Miller"。你也可以使用这个人的全名，这时通常就不用再加上 "Mr/Mrs"，特别是当你不知道对方性别时，这样写称呼就更方便了，直接写 "Dear Chris Miller" 就可以了（见表 7 - 1 和表 7 - 2）。

表 7 - 1 英国人信函中常见的称呼用法

称　呼	适用场合	称　呼	适用场合
Dear Sir	收信人是男性	Dear Sir or Madam	收信人的性别不清楚
Dear Madam	收信人是女性		

表 7 - 2   美国人信函中常见的称呼用法

称　　呼	适用场合	称　　呼	适用场合
Gentlemen	收信人是男性	Ladies and Gentlemen	收信人的性别不清楚
Ladies	收信人是女性	To whom it may concern	收信人的性别不清楚

（七）信函正文（Body of Letter）

信函正文是商业书信的主要部分。正文的格式在一个段落内要保持单倍行距，而段落和段落之间，要加大行距，通常为两倍行距。信函正文包含了发信人要传达的主要信息。通常应该包括三段，第一段直接进入主题，说明写信的原因；第二段对写信的原因进行详细的解释，并且提供必要的背景信息，为了使说明更加清晰明确，可采用标题和项目的方式一一列出来；第三段是正文的结尾，说明写信人希望收信人采取的行动。整个信函正文的文字要简洁，切忌浪费自己和对方的时间，说一些多余的话，让对方猜想或搜寻你要表达的意思。文字描述不要太夸张，少用缩略语和简写。尽量用简单的词语，使句子简短。

整个信函正文的文字最好不要超过一页纸。如果超过了一页纸，最好在两页内写完。因为信越长，收信人认真阅读完的可能性就越小，而且能准确答复的可能性也越小。详细的内容可以以附件的形式给出。多于一页纸的信一定要标注页码和共几页。如果正文内容文字较少，可适当加大边距或采取双倍行间距。如果正文内容文字较多，可适当减小边距或采取单倍行间距。尽量使文字在一张信纸中合理布局。

信函正文的书写风格应该是亲切而友好的，体现对收信人立场的考虑，所以从用词造句方面就要有所不同。如果我们使用以对方或对方的事作为主语的句子，显然要好于以自己或自己的事作为主语的句子。例如，"Your letter has been received." 就比 "I have received your letter. ”要好。而在表示歉意时，使用第一人称做主语可能会显得更有诚意。例如，“I am sorry we cannot deliver the goods today. ”显然好于说“It is regretted that goods cannot be delivered today. ”。“We are looking into your complaint. ”就比“Your complaint is being looked into. ”要好。

与研究和技术报告不同，信函正文中的句子不要过多使用被动语态，而应该使用第一人称和主动语态。例如，“I am writing you to request a meeting to discuss possible applications for our automotive safety systems. ”

（八）信尾敬语（Complimentary Close）

信尾敬语应该反映你与收信人的关系，大部分商务信函都使用“Yours sincerely，”或“Sincerely，”，其中仅第一个字母大写，后面结尾跟逗号。信尾敬语要表示适度的礼貌和尊敬，而非过分的亲切。例如，不要这样写“With greatest respect and admiration，”。

英国英语中，如果你在信函的开始的称呼中使用了收信人的姓名，信尾敬语就应该用“Yours sincerely，”。如果你在信函的开始的称呼中没有使用收信人的姓名，信尾敬语就应该用“Yours faithfully，”。美国英语中，不考虑上述的区别，信尾敬语都用“Yours sincerely，”。“faithfully”在美国英语中并不常见。

信尾敬语应该与信文在同一页，通常不要另页打印，如果下一页中只留下了信尾敬语，就要重新排版，尽量使敬语与信文在同一页，如果实在无法放在同一页，可将信文的最后一段和信尾敬语作为下一页的内容，以使布局美观。

（九）签名（Signature Block）

考虑到辨认上的需要，写信人要为自己的签名留有足够的空间。大多数商务书信也在写信人签名的下方再打印上写信人的姓名和职位。如果写信人愿意，也可以再输入写信人所在的部门和单位。信函的签名绝不能使用图章或印章。如果你签了名，就意味着你对文中内容的认可。如果你因故无法签名，允许别人代签，那应该在你的签名旁写出他人名字的首字母缩略词。

（十）信函的其他部分

Initialing（发信人首字母缩略词）

写信人的首字母缩略词用大写字母，打字员的首字母缩略词用小写字母。

Enclosures（附件）

信件若有附件，应在签名的下方，即信函的左下角注明"Encl."，或"Enc."，或"Encls."。这些缩略语表示"Enclosures"或"Attachments"。它的位置在"Initialing"（首字母缩略词）的下方。若附件不止一个，则应写明附件的名称和个数。例如，"Enc：B/L"、"Encls：3 Invoices."。

Copies To（cc.）（副本抄送）

当信函的副本要发送给其他人或部门时，在签名的底下的左边位置打印上"cc."，并在"cc."后列出这封信将要抄送的人，也就是说此信也要给"cc."后列出的那个人一份。

Postscripts（P. S.）（附言）

附言部分用于补叙正文中遗漏的话，除非是为了引起收信人对某一项目的注意，否则应尽量少使用，正式的信函中更应该避免使用。

三 信封的写法

信封的左上角是写信人地址，信封中部或偏右下方的地方写收信人的姓名和地址，信封右上角是贴邮票的位置（如图 7－10 与图 7－11 所示所示）。

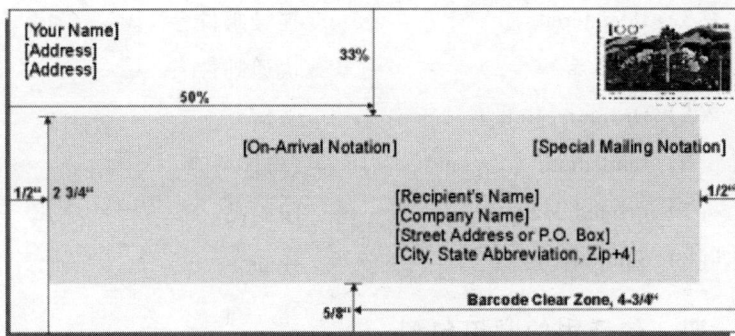

图 7 - 10 信封的写法（一）

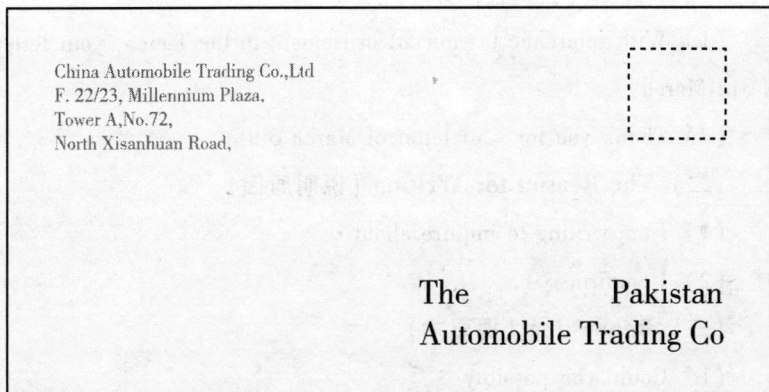

图 7 - 11 信封的写法（二）

　　为了便于机器自动对邮件进行分拣，必须在信封上正确的位置书写收信人的地址，邮政编码也是非常重要的。图 7 - 10 中灰色的区域就是机器自动对邮件进行分拣时的扫描区域。

　　另外，信封左下角也可以加印诸如"机密"、"印刷品"等字样。如果邮寄"机密"信件最好将信件寄到收信人的家中，而不是收信人的单位。

（1）Private　　　　　　　　私人信

（2）Confidential　　　　　　机密信

（3）Registered　　　　　　挂号邮件

（4）Express　　　　　　　　快递邮件

（5）Ordinary Mail　　　　　平信

（6）Immediate（Urgent）　急件

（7）Printed Matter　　　　印刷品

（8）Sample　　　　　　　　样品

四　信函中的常用句型

（一）The Reference（关于）

在信函开始时，常使用以下句型：

（1）With reference to your advertisement in the Times, your letter of 3rd March…

（2）Thank you for your letter of March 6th.

（二）The Reason for Writing（说明原因）

（1）I am writing to inquire about…

（2）I confirm…

（三）Requesting（提要求）

（1）Could you possibly…

（2）I would be grateful if you could…

（四）Agreeing to Requests（同意要求）

I would be delighted to…

（五）Giving Bad News（给出不好的消息）

（1）Unfortunately…

（2）I am afraid that…

（六）Enclosing Documents（说明随附的其他文件）

（1）I am enclosing…

（2）Please find enclosed…

（3）Enclosed you will find…

（七）Closing Remarks（信函正文的结束语）

（1）Thank you for your help. Please contact us again if we can help in any way.

（2）There is any problem…

（3）You have any question…

（八）Reference to Future Contact（希望再联系）

（1）I look forward to…

（2）…hearing from you soon.

（3）…meeting you next Wednesday.

（4）…seeing you next Thursday.

（九）The Finish（信函的结尾）

（1）Yours faithfully（if you don't know the name of the person you're writing to）.

（2）Yours sincerely（if you know the name of the person you're writing to）.

（3）Best wishes.

（4）Best regards（if the person is a close business contact or friend）.

五　信函的书写原则

一般来说，信函的内容、格式和写信人的行为要充分体现以下几个原则：礼貌、体谅、正确、具体、清晰、简洁和完整。

（一）礼貌

礼貌不应该简单地理解为客套，它反映的是写信人的态度。及时回复来信也是非常重要的一种礼貌的表现。写商务信函也不应该是刻板的、咄咄逼人的，应该用恰当的文字表示出真诚、有礼有节、不卑不亢的态度。表达方式应是积极的、措词得当的。任何事情，都要掌握一个平衡，一旦过了头，效果反而不好，因为礼貌过了头，可能会变成阿谀奉承，反而会引起别人的反感。另外，还要尽量避免使用过激、冒犯、轻蔑的语言。写商务信函时，要牢记以下几点：（1）用真诚和礼貌的词语；（2）避免猜疑和怀疑；（3）不要谴责对方；（4）及时回复对方的来信。

比较下面的几个句子，你一定知道哪一个更好。

- （×）I am sorry you have misunderstood us.
- （√）I am sorry I didn't make myself clear.

- （×）Your letter of March 8 regarding the shipment of this batch has been received.
- （√）Your letter of March 8 regarding the shipment of this batch has received our careful attention.

（二）体谅

体谅就是多从对方的角度出发，理解并尽量周到地考虑对方的需要、希望、感觉，正面、积极、肯定地谈问题，尽量避免从消极、否定方面谈问题。写商务信函时，要牢记以下几点。（1）要考虑别人的希望和看法，不要伤害对方或使对方烦恼。（2）在待人接物方面或思考问题的方式、方法和态度等方面，将自己想象成对方，自己喜欢听到当然是好的信息。（3）不要态度僵硬，因为这次做不成生意，还有下一次。下面的态度就不可取。"You did not send the check on time."

比较下面的几个句子。

- （×）Congratulations to you on your success.
- （√）We'd like to send our congratulations to you.

- （×）If you are late three times with no reason, you will be dismissed.
- （√）Employees who are late three times with no reason will be dismissed.

（三）正确

商务书信的内容和格式，如事实、价格数据等必须以准确的语言和商务专业术语表达出来，不得出现差错，否则会给自己和公司带来重大的经济损失，同时也会给对方带来许多麻烦。写商务信函时，要牢记以下几点：第一，消除所有拼写、语法和格式错误；第二，确保所选择和使用的词、句子和段落是正确的；第三，确保给出的信息，包括事实、数字、建议和要求也是准确的；第四，所传递的信息、语言和传递对象之间要保持一致。

（四）具体

商务书信的具体是指书信的内容不能抽象。商务书信应力求具体、明确、形象，力避含糊、空洞。在给对方明确回复的信函或答复对方的具体要求或问题的信中，尤其需要做到表述具体化，就事论事。特别是在发盘、还盘、索赔和理赔时，需要使用具体的事实和数据。在词语的选择上，多使用意思明确的词。

（五）清晰

清晰是指商务书信的主题应该明确和突出，阐述时层次分明，其书信内容明白易懂，没有含混不清和模棱两可的语言表达方式。为了达到清晰的目的，有时候需要附上样品、图例和说明等。可采用小标题的方式列示，语言表达形式要尽可能简单、明了，尽量使用常用的、简单的词和短语。不要过多地使用缩略语和中文式的表达。写信时，要先考虑一下要说什么，然后列一个大纲，主题内容阐述时一定要符合逻辑关系。

比较下面的几个句子。

（√）I am writing to apply for admission to the graduate school of your college in the autumn of 2010.

（×）I am writing to apply for admission to your college.

（六）简洁

简洁就是不要把商务信函写得太长，最好只占用一页纸。置身于商务界的专业人士普遍都很忙碌，不可能有充足时间来认真阅读冗长的商务信函，因此，写信人必须明确商务信函只应该包括此次写信必须说明的信息，并将这些信息以言简意赅的文字和形式表达出来，避免过多信息和复杂的说明。商务信函的完整和简洁这两个特点是相互制约、相互平衡、相辅相成的。书写商务信函时，应牢记以下几点：只占用一页纸；紧扣主题，删除不必要的信息；不要写对方已经知道的信息；使用主动语态，语言直接明确；避免多余的说明，能用字说明的意思，不要用词，能用短语说明的意思，不要用句子等。

（七）完整

完整是指商务信函的内容和形式都应该力求全面地表达写信人要表达的主题。特别是在写回信时，完整性这一特点就是要求回信人能全面地回答来信人希望回答的问题和说明可能采取的行动。例如，在订货时，需要写清所需商品（包括品名、质量、数量和包装规格等）、何时需要、收货人和收货地点以及付款方式等。写商务信函时，要牢记以下几点：英文句子本身要完整；商务信函的结构要完整；信函必须包含所有必要的信息；写前要有一个计划，写完后仔细检查，看是否有遗漏。

六 电子邮件

目前，电子邮件是人们进行商务沟通的一种主要方式，特别是电子商务中使用最普遍的一种联系手段。电子邮件使用方便，信息传递迅速且高效，并且成本非常低。一封电子邮件发送出去后，只要收信人也在线，他就可以在很短的时间内收到。所以，发信人在发送邮件前，一定要认真检查自己所写的内容是否准确、合适，因为一旦点击了发送键后，就再也无法将其收回了。

通常电子邮件的撰写风格在格式上要比传统的信函和传真等随便一些。但是，由于商务活动直接涉及法律方面的权利和义务，因此还是有必要采用正式、严谨的格式的。特别是当你第一次跟收信人联系，建立业务关系时，简练、整洁的商务信函能让对方对你有一个非常专业的良好印象。

电子邮件的写作方法与普通信函一样，特别是在主要内容的安排和文字的处理方面是完全一致的。只是电子邮件中不需要再写收信人的地址、发信人的地址、日期和主题，因为"TO："、"FROM："、"DATE："、"SUBJECT："这些内容在电子邮件已经存在。我们只要从称谓开始写就可以了。要养成每天查看自己电子邮箱的良好的习惯，以便及时处理相关的商务活动。

一定要记住写主题，否则既不便于存档和日后查找，也容易被当成垃圾邮件删除。写电子邮件时要注意以下几个问题。

（1）不能太不注重礼节。

（2）重要信息先写。

（3）不要长篇大论。

（4）最好使用标题和列示的方式。

（5）希望收信人要做的事用粗体、斜体和下划线来强调。

（6）要有签名。

（7）保存、整理好收件箱和发件箱。

（8）及时回复。

（9）注意安全问题，会用加密技术。

（10）明智而审慎地使用一些键，如"回复全部"等。

（11）发送前一定要认真检查，包括地址、信件内容和拼写等。

第八章　主要单据缮制方法

一　汇票

（一）汇票的基本作用

汇票是国际贸易货款结算中常用的支付工具，它是一人向另一人签发的无条件的书面支付命令，要求受票人按照汇票上所列的期限、金额向汇票规定的收款人或其指定的人或持票人进行付款。信用证项下的汇票是出票人（受益人）依据信用证向受票人（开证行或付款行）发出的，要求其在规定期限内向收款人（议付行或受益人）支付一定金额的付款命令。

（二）信用证中有关汇票条款示例

（1）Drafts to be drawn at 30 days' sight on us for 100% of invoice value.

向我方开立 100% 发票金额的 30 天远期汇票。

（2）You are authorized to draw on Royal Bank of Canada, Vancouver at sight for a sum not exceeding CAN\$120000.

你方获准向温哥华加拿大皇家银行开立不超过 120000 加元的

即期汇票。

（3） Drafts in duplicate at sight bearing the clause "Draw under DBS Bank Singapore Documentary Credit No. 748236 dated January 15th, 2009".

即期汇票一式两份，其上注明"根据新加坡 DBS 银行 2009 年 1 月 15 日开出的第 748236 号跟单信用证开立"。

（4） We open this Irrevocable Documentary Credit favoring your-selves for 95% of the invoice value available against your draft at sight by negotiation on us.

我方向你方开立以你方为受益人，金额为发票金额的 95% 的，凭你方向我方开立的即期汇票议付的不可撤销跟单信用证。

（5） This credit is available with any bank by negotiation of Beneficiary's Drafts at 60 days date drawn on issuing bank.

该信用证凭受益人向开证行开立的可以在任意银行议付的 60 天远期汇票支付。

（三）汇票缮制要点

（1） No. 汇票号码

通常与此笔交易的发票号码一致，以便核对。

（2） Place and Date of Issue　出票地点和日期

即签发汇票的地点和日期。出票日期一般是提交议付行议付的日期，该日期往往由议付行填写。该日期不能迟于信用证的交单到期日。

（3） For…… （Amount in Figure）　汇票小写金额

根据信用证规定的金额填写。一般信用证的规定是按发票金额的 100% 开立汇票，也有按发票金额的一定百分比开立的。在填写汇票金额时要注意金额的大小写要一致，而且货币的币种要与信用证上金额货币相同。

（4） At……Sight　汇票付款期限

根据信用证的汇票条款填写。

①即期汇票。在横线上用"＊＊＊＊＊＊＊＊"或"——"表示，也可以直接打上"At Sight"（但不要留空）。

②远期汇票。

a. 见票后定期付款，如"at 30days after sight"，见票后 30 天付款。

b. 出票日后定期付款，如"at 45 days after date"，出票日后 45 天付款。

c. 提单日后定期付款，如"at 60days after B/L date"，提单日后 60 天付款（注意：此时应在"B/L date"后加注实际的提单日期）。

（5）Pay to the Order of……　　收（受）款人

通常直接填写议付行的名称。在信用证支付条件下，收款人的填写方法有以下两种。

①直接填写信用证议付行的名称，如"Pay to the order of BANK OF CHINA BEIJING BRANCH"。在此种情况下，应注意信用证的议付性质。如为限制议付的信用证，则受益人只能去指定的银行议付，填写的议付行名称也是固定的；如为自由议付的信用证，受益人则可以自由选择银行议付。

②填写受益人的名称，如"Pay to the order of ABC CORP."。在此种情况下，当受益人向银行交单议付时，必须在汇票背面作空白背书或记名背书给议付行，以便议付行向开证行或偿付行索偿。

（6）The Sum of … （Amount in Words）　　汇票大写金额

如 US＄56600.80 可填写为"THE SUM OF SAY US DOLLARS FIFTY SIX THOUSAND SIX HUNDRED AND 80/100 ONLY"或"THE SUM OF SAY US DOLLARS FIFTY SIX THOUSAND SIX HUNDRED AND CENTS EIGHTY ONLY"。

（7）Value Received for……of……　　对价条款

应填入有关货物的数量、包装及品名。如，"Value received for 370 Cartons of Plush Toys"。

（8）Drawn under…L/C No…Dated　　出票条款

即开立汇票的依据。若信用证有规定，则按信用证的要求填写。一般应填写出具汇票所依据的信用证的开证行名称、信用证号码及开证日期。如，"Drawn under The National Bank of Kuwait S. A. K. Head Office L/C No. 194546 dated Feb. 3rd, 2009"。

（9）To…　　受票人

即付款人。应填写受票人的详细名称及地址。汇票受票人通常会在信用证汇票条款中注明。例如，信用证的汇票条款规定，"DRAWN ON US"，那么受票人为开证行。又如，信用证的汇票条款规定，"DRAWN ON XXX BANK"或"VALUED ON XXX BANK"，那么，受票人为该指定银行。

（10）For and on Behalf of　　出票人

在汇票右下角，一般填写信用证受益人的公司名称，并且受益人在出具了汇票后必须签署。

（11）汇票中"…this FIRST Bill of exchange（SECOND being unpaid）"意指汇票是成套汇票，各张汇票面额和内容完全相同，每张有编号，各张要交叉注明全套张数中任何一张付款后，其余各张则不再付，即不能重付。通常一套两张的汇票，在第一张汇票记载"凭此第一张汇票支付（第二张相同内容和日期者不付）给……"，俗称"付一不付二"。在第二张汇票写明"付二不付一"。

（12）背书

汇票背书是指汇票的收款人在汇票的背面写上自己的名称并签字，再把汇票交付给受让人的行为。汇票背书的目的是转让收款权，也就是说汇票原先指定的收款人可以通过背书的方式将自己的收款权转让给受让人。汇票背书有多种方式，如记名背书，即指定受让人，写明"付给××或其指定人"。

若受益人在开具的汇票中将自己指定为收款人，当向议付银行交单时，他便会将汇票记名背书给议付行，例如：

Pay to CHINA BANK, BEIJING BRANCH

BEIJING SHENHAI TRADING COMPANY

杨光

（四）实例

（1）根据表 8 - 1 这份已填写好的信用证项下的汇票，回答下列问题：

①汇票出票人、付款人分别是谁？

②汇票是即期还是远期？有几份汇票？

③该笔信用证业务议付行是谁？

表 8 - 1　BILL OF EXCHANGE

```
No.    HLK123
For    USD 56000                    SHANGHAI, MAY 27, 2009
      (amount in figure)               (place and date of issue)

At    90 DAYS     sight of this FIRST Bill of exchange (SECOND being unpaid)
Pay to     BANK OF CHINA, BEIJING BRANCH      or order the sum of
      SAY US DOLLARS FIFTY SIX THOUSAND ONLY
                         (amount in words)
Value received for   400 CARTONS    of  SUN BRAND DRAFTING MACHINES
                  (quantity)                (name of commodity)
Drawn under              DBS BANK
L/C No.    BRT-LSLC07        dated    APRIL 14th, 2009

To:                                   For and on behalf of
DBS BANK
TRADE SERVICE DEPARTMENT              BEIJING  SHENHAI  TRADING
CO. LTD.
6 SHENTON WAY                        16 NANJING STREET
DBS BUILDING TOWER TWO               BEIJING, CHINA
SINGAPORE, 0160                              杨光
                                        (signature)
```

问题回答如下：

①出票人为BEIJING SHENHAI TRADING CO. LTD.

16 NANJING STREET

BEIJING，CHINA。

付款人为DBS BANK

TRADE SERVICE DEPARTMENT

6 SHENTON WAY

DBS BUILDING TOWER TWO

SINGAPORE，0160。

②汇票是 90 天远期汇票，共有两份汇票。

③议付银行是 BANK OF CHINA, BEIJING BRANCH。

（2）已知：

卖方：北京祥云进出口公司

卖方往来银行：中国银行北京分行

买方：Northlake Propeller Corporation

买方往来银行：Cathay Bank LA U. S. A.

交易概况：海运 CIF，30 天远期承兑交单。

试根据上述交易背景，简要回答以下问题：

①本交易项下的汇票出票人、付款人和收款人分别是谁？

②何时出票？出票人是否需要作背书？如需要，应作何种背书？

③该汇票是否需要附单据？如需要，必须随附的单据有哪些？

④在该汇票的流转过程中，应由谁向谁提示汇票、要求承兑？

⑤Northlake Propeller Corporation 何时付款？何时获得单据？

⑥北京祥云进出口公司何时取得货款？如何取得？

问题回答如下：

①出票人为北京祥云进出口公司，付款人为 Northlake Propeller Corporation，收款人为 the order of Bank of China Beijing Branch 或

the order of Beijing Xiangyun Imp. & Exp. Corp. 。

②出票时间应不晚于向银行交单托收的日期。如收款人由中国银行指定，祥云公司无需作背书；如收款人由祥云公司指定，祥云公司必须作背书。背书可以是空白背书，也可以是记名背书。

③需要随附单据。必须随附的单据有商业发票、海运提单和保险单据。

④应由 Cathay Bank LA U. S. A. 向 Northlake Propeller Corporation 提示汇票，要求承兑。

⑤Northlake Propeller Corporation 对其承兑后的汇票在 30 天期满时付款，承兑汇票后即可获得单据。

⑥在汇票到期时，Cathay Bank LA U. S. A. 收到买方支付的货款后交给中国银行北京分行，再由该行交给祥云公司。

二　商业发票

（一）商业发票的基本作用

商业发票是出口商向进口商开出的载明销售货物详情的一种商业单据，是进出口交易中最重要的单据之一。它是双方收付货款和记账的凭证，也是出口商办理各项履约手续时对货物的详细说明，同时还是日后缮制其他单据的依据。商业发票由出口商自行制作，并无统一固定的格式，其内容一般包括所交易商品的品质、数量、价格、包装等条款。有时，商业发票还记载一些卖方所作的证明、声明的内容。同时，商业发票还是进口国海关审查进口商品以确定相应进口关税税率的重要文件。

（二）信用证中有关商业发票条款示例

（1）Signed commercial invoice in 6 copies.

一式六份经签署的商业发票。

（2）Beneficiary's manually signed commercial invoice in five folds.

一式五份经受益人手签的商业发票。

（3）Commercial invoice in 8 copies price CIF Bangkok showing FOB value, freight charges and insurance premium separately.

商业发票一式八份，CIF 曼谷价分别标明 FOB 价格、运费和保险费。

（三）商业发票缮制要点

（1）Commercial Invoice　　商业发票

发票的具体名称应与信用证要求相符。如果信用证仅要求提交"Invoice"而未作进一步界定，发票的名称可以是 Invoice，也可以是 Commercial Invoice（商业发票）、Tax Invoice（税务发票）、Final Invoice（最终发票）等，但是不能提交 Provisional Invoice（临时发票）、Proforma Invoice（形式发票）。最稳妥的方法就是始终保持发票的具体名称与信用证的规定完全一致。

（2）Seller　　卖方

填写买卖合同的卖方，一般是信用证的受益人。

（3）Buyer　　买方

也称发票的抬头。UCP 600 第 18 条规定，除非信用证另有规定，商业发票必须以申请人的名称为抬头。

（4）Invoice No.　　发票号码

由出口公司自行编制。

（5）Invoice Date　　发票日期

通常是指发票签发的日期。一般而言，商业发票的日期是所有议付单据中最早的。

（6）L/C No.　　信用证号码

填上相关交易信用证的号码。

（7）L/C Date　　信用证日期

填上相关交易信用证的开证日期。

（8）L/C Issued by　　信用证由……出具。

填上相关交易信用证的开证行的名称。

（9）Contract No.　　合同号码

填上相关交易合同的号码

（10）Date　　合同日期

填上相关交易合同的日期。

（11）From　　起运地

填写信用证规定的货物的装货港、收货地或接受监管地。

（12）To　　目的地

填写信用证规定的货物的卸货港、交货地或最终目的地。

（13）Shipped by　　运输工具名称

若货物采用海运，则此栏填写承运的船名和航次。

（14）Price Term　　价格术语

填写交易合同所用的贸易术语。

（15）Marks　　装运标志

即一般所言的唛头。如果信用证有关于唛头的规定，就应该严格按照信用证规定的内容缮制。比如信用证规定唛头是："ABC CO./TR 5423/HAMBURG/ NO.1 – UP"，则应在发票上打：

ABC CO.

TR 5423

HAMBURG

NO.1 – UP

而且，唛头最后的 "UP" 通常用货物的总包装件数来代替。如果货物一共有 370 个纸箱，则可填成 "NO.1 – 370"。如果信用证未规定唛头，那么受益人在制单时可以参照合同中的唛头或自己设计合适的装运标志。若没有唛头，则此栏可打 "N/M"，即 No Marks。

（16）Description of Goods　　货物描述

根据 UCP 600 第 18 条的规定，商业发票的货物描述必须与信用证中显示的内容相符。

（17）QTY.　　数量

填写商品的数量。

（18）Unit Price　　单价

填写商品的单价。

（19）Amount　　金额

填写商品的总金额。

（20）Issued by　　出票人

根据 UCP 600 第 18 条的规定，除非信用证另有规定，商业发票必须在表面上看来是信用证受益人出具的。

（21）Signature　　签署

本栏为发票授权签字人的签名。根据 UCP 600 第 18 条的规定，商业发票无须签字。

（四）实例

根据表 8 – 2 这份中国金属矿产进出口公司北京分公司，出口到加拿大的一批大理石瓷砖的海关发票，回答下列问题。

（1）提单的签发日期是什么时候？提单号码是多少？

（2）该笔业务的收货人是谁？

（3）装运港、目的港和中转港分别是哪里？

（4）该笔业务的支付方式是什么？

（5）该笔业务的总金额是多少？

（6）从天津到加拿大的运保费是多少？

表 8 – 2　CANADA CUSTOMS INVOICE

1. Vendor（Name and Address） CHINA NATIONAL METALS & MINERALS IMP. & EXP. CORPORATION BEIJING CHINA	2. Date of Direct Shipment to Canada B/L NO. MY 88059 JAN. 18th, 2009 3. Other References

4. Consignee (Name and Address) INTERNATIONAL TRADING CORP. 1110 SHEPPARD AVENUE EAST SUITE NO. 506, WUKKIWDAKE, IBTARIO CANADA	5. Purchaser's Name and Address THE SAME AS CONSIGNEE
	6. Country of Transhipment W/T HONG KONG
	7. Country of Origin of Goods CHINA
8. Transportation FROM TIANJIN TO TORONTO, CANADA BY SEA	9. Conditions of Sale and Terms of Payment CIF TORONTO BY L/C AT SIGHT
	10. Currency of Settlement USD

11. No. of Pkgs	12. Specification of Commodities	13. Quantity	Selling Price	
			14. Unit Price	15. Total
	MARBLE TILES 1 – 16 MARBLE TIIES 30.5cm × 30.5cm × 1cm			
16 CRATES	8 CRATES ART NO. 425 – 1	312.56SQM.	@ USD 24	USD 7 501.44
	8 CRATES ART NO. 425 – 2	312.56SQM.	@ USD 24	USD 7 501.44

18. If any of fields 1 to 17 are included on an at- tached commercial-invoice. Check this box. ☐ Commercial Invoice No. 88M5566 JAN. 16th, 2009	16. Total Weight		17. Invoice Total
	Net 16.96M/T	Gross 17.6M/T	USD15002.88

19. Exporter's Name and Address (If other than vendor) SAME AS VENDOR	20. Originator (Name and Address)
21. Departmental Ruling (If applicable)	22. If fields 23 to 25 arc not applicable, check this box ☐

23. If included in field 17 indi- cate amount (ⅰ) Transportation charges, expenses and insurance from the place of direct shipment to Canada $ USD1405.89 (ⅱ) Costs for construction,	24. If not included in field 17 indicate amount (ⅰ) Transportation charges, expenses and insurance to the place of direct shipment to Can- ada. $ _____ (ⅱ) Amounts for commissions	25. Check (If applicable) (ⅰ) Royalty payments or sub-sequent proceeds are paid or payable by the pur- chaser. ☐ (ⅱ) The purchaser has supplied goods or services for

erection and assembly incurred after importation into Canada $ _____ (ⅲ) Export packing $ _____	other than buying commissions. $ _____ (ⅲ) Export packing $ _____	use in the production of these goods. □

问题回答如下：

（1）提单签发日期是 2009 年 1 月 18 日；

提单号为 MY 88059。

（2）收货人是INTERNATIONAL TRADING CORP.

1110 SHEPPARD ZVENUE EAST

SUITE NO. 506，WUKKIWDAKE，IBTARIO

CANADA

（3）装运港是中国天津；目的港是加拿大多伦多；中转港是中国香港。

（4）该笔业务支付方式是即期信用证。

（5）总金额是 USD15002.88。

（6）从天津到加拿大的运保费是 USD1405.89。

三 海运提单

（一）海运提单的基本作用

海运提单的性质和作用主要表现在以下三个方面。

（1）货物的收据，即承运人或其代理人签发给托运人的，证明已按提单内容收到货物。

（2）物权凭证，即提单是货物所有权的凭证，收货人或提单的合法持有人有权凭提单向承运人提取货物，并且还可以转让。

（3）运输契约的证明，即提单是承运人与托运人处理双方在运输方面权利和义务问题的主要依据。

（二）信用证中有关海运提单条款示例

（1）Full set of 3/3 originals plus non-negotiable copies clean on board ocean B/L, consigned to order and blank endorsed. Marked "Freight Prepaid" showing shipping agency at destination. Notify Applicant and evidence the goods have been shipped by full container load.

全套一式三份正本清洁已装船海运提单和不可议付副本提单，收货人凭指示，空白背书。注明"运费预付"和目的地的运输代理。被通知人为申请人，证明货物已通过整箱出运。

（2）Full set of "clean" shipped on board marine bills of lading stamped "berth terms" issued or endorsed to the order of the L/C issuing bank marked "Freight to collect", notify openers evidencing shipment from any Chinese port to Long Beach port, CA. U. S. A.

全套清洁已装船海运提单盖有"班轮条件"，收货或背书凭信用证开证行指示，注明"运费到付"，被通知人为开证人，证明货物从中国某港口运至美国加利福尼亚州的长滩港。

（三）海运提单缮制要点

（1）Shipper 托运人（发货人）

如果信用证无特别规定，一般填写信用证的受益人（即买卖合同中的卖方）的名称及地址。根据 UCP 600 第 14 条的规定，显示在任何单据中的货物的托运人或发货人不必是信用证的受益人。

（2）Consignee 收货人

这是提单中比较重要的一栏，应严格按照信用证规定填制。因为这一栏的填法直接关系提单的转让以及提单项下货物的物权归属问题。提单收货人按信用证的规定一般有三种填法，即空白抬头、记名指示抬头和记名收货人抬头。

①空白抬头。例如，信用证提单条款中规定，"...bill of lading consigned to order..." 或 "...bill of lading made out to order..."，则

提单收货人栏中只要填上"To order"即可。具体的收货人由发货人通过背书来指定。

②记名指示抬头。如果信用证提单条款中规定,"…bill of lading consigned to the order of the issuing bank…",而开证行为 ABC Bank,则提单收货人栏中只需填上"To order of ABC bank",即"凭 ABC 银行的指示",具体的收货人由 ABC 银行通过背书来指定;如果规定"…bill of lading made out to shipper's order…",则提单收货人栏中只需填上"To shipper's order",即"凭托运人指示";如果规定"…bill of lading made out to order of ABC Co. …",则提单收货人栏中只需填上"To order of ABC 公司 .",即"凭 ABC 公司指示"。

③记名收货人抬头。例如,信用证提单条款中规定,"…bill of lading consigned to ABC Co. …",则提单收货人栏中应填写"ABC Co.",即货交 ABC 公司。

但是由于记名收货人的提单对托运人的保障很小,一般较少使用。

(3) Notify Party   被通知人

要与信用证的规定一致。例如,信用证提单条款中规定,"…bill of lading…notify applicant",则提单被通知人栏中应填写开证申请人的详细名称和地址。

(4) Pre-Carriage by   前程运输工具

(5) Place of Receipt   收货地

(6) Place of Delivery   交货地

(7) Final Destination   最终目的地

前述四栏适用于联合运输方式。若为单一海洋运输方式,留空即可。收货地一栏填写船公司或承运人的收货地。交货地一栏填写船公司或承运人的交货地。

(8) Vessel &Voyage No.   船名、航次

按配舱回单上的船名、航次填写。

(9) Port of Loading　　装货港

(10) Port of Discharge　　卸货港

填写实际装运的装货港和卸货港。注意，必须与信用证规定的装运港和目的港一致。若信用证规定为笼统的区域或范围，如 Port of loading：China Ports，则提单必须显示具体的港口名称，而且该港口应位于信用证规定的地理区域或范围之内。如果有转运，可在 Port of Discharge 一栏中注明，如"A（目的港）via B（转运港）"。

(11) Marks & Nos. Container/Seal No.　　运输标志、集装箱号码/封号

运输标志应与信用证规定一致，如果有多个运输标志，则应逐个列明。如果信用证规定的运输标志的件号未明确，如"…NO 1 - UP"，则应以实际出运货物的总件数来替代 UP。如果信用证和/或合同中没有相关规定，则可由出口商自行设计。如果出口货物外包装上没有运输标志，则可填写 N/M。

(12) No. of Container or Packages　　集装箱数量或货物包装件数（小写）

填写装运货物的集装箱个数或货物的总包装件数。注意，总包件数是指外包装件数，而不是商品的数量。

(13) Description of Goods　　货物描述

此栏填写时不必像发票的货物描述那样详尽，可以只写货物的总名称，但应注意不能与其他单据发生矛盾。在此栏的空白处，一般还会显示以下内容。

①Freight Prepaid 运费条款。根据不同的运费交付安排，一般有 Freight Prepaid（运费预付）或 Freight to Collect（运费到付）两种。如果信用证对此有具体规定，则用语应与信用证一致。

②CY-CY 集装箱运输交接地点。具体分为"CY-CY"（集装箱

堆场到集装箱堆场）、"CFS-CFS"（集装箱货运站到集装箱货运站）、"DOOR-DOOR"（门到门，即发货人的货仓到收货人的货仓）等。

③FCL/FCL 集装箱运输方式。一般有 FCL/FCL（整箱交、整箱接）、LCL/LCL（拼箱交、拆箱接）、LCL/FCL（拼箱交、拆箱接）、FCL/LCL（整箱交、拆箱接）。

④ "Shipper's Load，Count and Seal" 简称 "S&L&C&S"，指货主（托运人）装载、计数和加封。此类条款被称为 "船方免责条款" 或 "不知条款"。通常适用于 FCL/FCL 运输方式。由于货物一般由货主自行装箱封箱，再加上船方免责条款，在集装箱箱体没有损坏的情况下，若箱内货物有货损或者短装，船方可以免责。也有船方在货物描述前加上 "Said to contain"（据称装有）。

（14）Gross Weight 货物毛重

（15）Measurement 尺码

填写货物的总毛重和总尺码。一般保留三位小数，通常不必按货号分开填写。

（16）提单要按信用证规定加注运费条款，即 "Freight Prepaid"，或 "Freight to Collect"，并且要注意与所用贸易术语的一致性。

（17）Total Number of Packages or Containers（in Words）货物总包装件数或集装箱数（大写）。

注意此栏的内容要与（12）一致。如，"SAY FOUR HUNDRED FORTY FIVE CARTONS ONLY" 或 "SAY ONE TWENTY FEET CONTAINER ONLY"。

（18）Freight & Charges/Prepaid/Collect/ Prepaid at/Payable at/ Total Prepaid 运费支付标准

运费支付标注，一般均留空。

（19）No. of Original B（s）/L 正本提单份数

此栏显示的是船公司开具的正本提单的份数。若信用证对提单正本份数有规定，则应与信用证规定一致。比如，信用证规定"2/2 marine bills of lading ..."即表明船公司为信用证项下的货物开立的正本提单必须是两份，且两份正本提单都要提交给银行作为议付单据，此栏填写"Two"。若信用证未作具体规定，只是要求提交全套正本提单，则可按船公司惯常操作，一般签发三份，此处填写"Three"。

（20）Laden on Board the Vessel　　装船批注的日期

装船批注中所显示的日期即货物的实际装运日期，由船公司加盖"ON BOARD"图章签署证实。其他类似的词语还有"Laden on board"、"Shipped on board"等。用已装船批注的方式来注明货物的装运日期，就满足了信用证规定提交已装船提单（Shipped on Board Bill of Lading）的要求。也可通过在提单表面预先印就"On Board"或类似字样来表示该提单是已装船提单。

（21）Place and Date of Issue　　提单的签发地点和签发日期

提单签发日期是承运人或其代理人签发提单的日期，通常与装船批注日期一致。提单签发地点是承运人或其代理人的营业地点，不一定是装运港。如果提单上已预先印就"已装船"（Shipped on Board）字样的，称为已装船提单。已装船提单的签发日期视为装运日期。

（22）Signed for the Carrier　　提单签署

根据 UCP 600 第 20 条的规定，无论其称谓如何，提单必须表面上看来显示承运人名称并由下列四类人员签署，即承运人（carrier）、承运人的具名代理或代表、船长（master 或 captain）、船长的具名代理或代表。承运人、船长或代理的任何签字必须分别表明其承运人、船长或代理的身份。代理的签字必须显示其作为承运人或船长的代理或代表签署提单。

例如，承运人签发的提单，其签署为：

CHINA OCEAN SHIPPING （GROUP） CO.

　　杨光

AS CARRIER

又如，承运人代理签发的提单，其签署为：

CHINA OCEAN SHIPPING AGENCY

　　杨光

ON BEHALF OF （AS AGENT FOR） THE CARRIER

CHINA OCEAN SHIPPING （GROUP） CO.

（23）提单背书

提单背书的目的是转让收货权。提单的背书是提单持有人或背书人在提单背面签字或盖章并将其交给受让人的行为。提单应按照信用证的具体要求进行背书。出口商（信用证受益人）是否要在提单上背书，与提单收货人一栏的填写有关。若为记名收货人（Consigned to …），提单无须也不能背书，因为收货人是指定的某个人，不能转让收货权。若为指示收货人（To order 或 To order of …）时，则分为以下两种情况：一是提单收货人为"TO ORDER OF ISSUING BANK"或"TO ORDER OF APPLICANT"，则分别由开证银行、开证申请人背书，受益人无权背书。二是提单收货人为"TO ORDER OF SHIPPER"或"TO SHIPPER'S ORDER"或"TO ORDER"，则提单应由托运人，通常为出口商（受益人）来背书。此时，信用证通常会对发货人（受益人）如何进行背书作出具体规定。

背书形式包括以下两种。

①空白背书。若信用证规定"Bill of lading …… endorsed in blank ……"或"Bill of lading … blank endorsed ……"，则在提单背面作空白背书，即只需要背书人签章并注明背书的日期即可。例如：

　　　　ABC Co. （签章）

　　December 11, 2009

②记名背书。若信用证规定"Bill of lading……endorsed to issu-ing bank……",则在提单背面作记名背书,此时应先写上被背书人的名称,然后再由背书人签署并加盖公章,同时注明背书的日期。例如:

Endorsed to DEF Co. 或 Delivered to DEF Co.

ABC Co. (签章)

December 11,2009

对提单背书形式一般信用证会作出具体规定,缮制时应据此填制。若信用证没有具体规定,一般作空白背书,当然作记名背书,银行也可以接受。

(24) B/L No. 提单号码

一般与"集装箱货物海运托运单"(俗称"十联单")上的场站收据(Dock Receipt,D/R)编号保持一致。

(25) 信用证要求在提单上加注的内容

此部分内容一般加注在单据中间部位的明显处,如填写在De-scription of Goods 一栏的空白处。

银行只接受清洁的运输单据,信用证提单条款大都明示 clean on board bill of lading。但"clean"一词并不需要在提单上出现,只要提单表面没有记载明确宣称货物或包装有缺陷的条款或批注即可。另外,信用证要求提交的正本提单可在提单名称部分标注"Original"字样来表示。

(四) 实例

(1) 依照表 8-3 所附海运提单,回答下列问题:

①该提单应由谁首先背书?

②作为收货人的代理人,应找谁提货?

③卸货港是哪里?

④谁是承运人?

⑤该提单下有几个集装箱?

⑥XYZ Co. Ltd 是否一定是收货人?

⑦提单是否一定要经过 XYZ Co. Ltd 背书?

⑧该提单由谁签署?

表 8 – 3　Ocean Bill of Lading

Shipper BEIJING KNITWEAR IMPORT & EXPORT CORPORATION			B/L No. 123	
			CARRIER	
Consignee TO ORDER			中国对外贸易运输总公司 天津　TIANJIN 联运提单 Combined Transport BILL OF LADING *ORIGINAL*	
Notify address XYZ CO. LTD. TEL NO. : 81 – 525 – 73256 FAX: 81 – 525 – 73286				
Pre-carriage by	Place of Receipt			
Ocean Vessel M. V. Gloria	Port of Loading TIANJIN			
Port of Discharge YOKOHAMA	Place of Delivery	Freight payable at TIANJIN	Number of original B (s) /L THREE (3)	

MARKS NOS. & KINDS OF PKGS DESCRIPTION OF GOODS G. W. (kgs.) MEAS (m³)

XYZ CO. LTD.	ALL COTTON CUSHIONS	17500	25
YOKOHAMA	IN CARTON		
C/NO. 1 – 80	1 × 20'　CY-CY		
MADE IN CHINA	SHIPPER'S LOAD COUNT AND SEAL		
	SAY TO CONTAIN		
	CONTAINER NO. 12345		
	SEAL NO. 123456		

ON BOARD
FREIGHT PREPAID

ABOVE PARTICULARS FURNISHED BY SHIPPER

Freight and charges	IN WITNESS whereof the number of original bills of lading stated above have been signed, one of which being accomplished, the other(s) to be void.

续表 8 – 3

	Place and date of issue TIANJIN Nov. 20th, 2009
Freight and charges	Signed for or on behalf of the carrier FAN CHENG INTERNATIONAL TRANS- PORTATION SERVICE AS AGENT FOR THE CARRIER NAMED ABOVE 杨光

SUBJECT TO THE TERMS AND CONDITIONS ON BACK

问题回答如下：

①BEIJING KNITWEAR IMPORT & EXPORT CORPORATION

②中国对外贸易运输总公司。

③横滨。

④中国对外贸易运输总公司。

⑤1 × 20'（一个）。

⑥不一定。

⑦否，不一定是收货人。

⑧泛成国际货运（FAN CHENG INTERNATIONAL TRANSPOR-TATION SERVICE）。

（2）已知以下交易背景：

卖方：北京蓝天进出口公司　　买方：Southwall Pacific Corporation

议付行：交通银行北京分行　　开证行：Wachovia Bank, Seattle

　货运代理：北京远征货运代理有限公司

　船公司：中海集装箱运输股份有限公司

　交易概况：CIF 价格条件成交，远期议付信用证，见票后 30 天付款，信用证中对提单的规定是"Full set clean on board B/L (s) made out to order and endorsed in blank"。

试根据上述交易背景，简要回答以下问题：

①此笔交易项下的提单中的托运人、收货人和承运人分别是谁？

②北京蓝天进出口公司将提单提交给谁？是否需要作背书？如需要，应作何种背书？

③北京蓝天进出口公司何时办理结汇手续？

④开证行 Wachovia Bank 何时取得货运单据？

⑤买方 Southwall Pacific Corporation 何时付款？

问题回答如下：

①提单中的托运人为北京蓝天进出口公司，收货人为 To Order（凭指示），承运人为中海集装箱运输股份有限公司。

②北京蓝天进出口公司将提单提交给交通银行北京分行（议付行）；需要作背书；应作空白背书。

③北京蓝天进出口公司在货物装运后，按照信用证的规定，把制作好的所有单据在信用证规定的交单期内送交交通银行北京分行。Wachovia Bank 自其见票之日起 30 天期满付款，北京蓝天进出口公司收妥后办理结汇手续。

④Wachovia Bank 在审核单据无误并承诺到期付款后即取得货运单据。

⑤Southwall Pacific Corporation 于 30 天远期汇票到期，Wachovia Bank 要求其履行付款责任时付款。

四　保险单

（一）基本作用

保险单是保险人根据投保人或被保险人的要求，表示已经承诺保险责任的凭证，也是保险人与投保人之间的正式合同。它由保险公司出具和签署，在被保险货物遭受损失时作为被保险人索赔和保险人理赔的依据。

（二）信用证中有关保险单条款示例

（1）Insurance Policy covered for 110% of total invoice value against All Risks and War Risk as per and subject to the relevant Ocean Marine Clause of the People's Insurance Company of China dated 1/1/1981.

保险单的保险金额为发票总金额的110%，保险险别为中国人民保险公司于1981年1月1日生效的海运货物条款的一切险和战争险。

（2）Insurance Policy covered for 110% of total CIF value against Institute Cargo Clauses（A）and Institute War Clauses（Cargo）of 1982, showing claim payable at destination in the same currency of draft.

按CIF价值的110%承保1982年生效的协会货物条款（A）和协会战争险的保险单，注明在目的地使用与汇票同种货币对索赔进行赔付。

（三）缮制要点

（1）Insured　　被保险人

除非信用证有特别规定，一般为信用证受益人。

（2）Policy No.　　保单号次

填写本张保险单的编号。

（3）Marks　　唛头

同商业发票上的唛头一致。若唛头比较复杂也可以简单填写"As per Invoice No. ×××"。

（4）Quantity, Packing of Goods　　货物包装及数量

本栏填写商品外包装的数量及种类。数量及包装可选择填写一项，数量或包装件数，但应写明单位，如500SETS或500CTNS，不能仅写500。

（5）Description of Goods　　保险货物项目

本栏填写商品的名称，可以用统称，但不得与信用证中的货物描述冲突。

（6）Amount Insured　　保险金额

按信用证规定的金额及加成率投保。若信用证对此未有具体规定，则按 CIF 或 CIP 或发票金额的 110% 投保。注意：保单上的保险金额的填法应该是"进一取整"，即，如果保险金额经计算为 US$11324.12，则在保险单上应填"US$11325.00"。

（7）Total Amount Insured　　总保险金额

本栏只需填入保险金额的大写即可。

（8）Premium　　保费

（9）Rate　　费率

若信用证无特别规定，（8）、（9）两栏一般填写"As Arranged"。

（10）Per Conveyance　　装载运输工具

若采用海运，则根据配舱回单填写相应的承运船名及航次。

（11）Slg on or abt（or Date of Commencement）　　开航日期

一般填写提单签发日期。更简单的就只填"As per B/L No. ×××"。

（12）From…To…　　自……至……

填写货物的起运地和目的地（若有转运，也要注明）。

（13）Conditions　　承保险别

按信用证规定的承保险别，包括险别和相应的保险条款等。

（14）Survey by/Settling Agent　　保险代理

填写保险公司在目的地的代理机构的名称及联系地址。

（15）Claim payable at/in　　赔款偿付地点及赔款币种

赔款偿付地点一般填运输目的地。币种采用信用证或汇票所用货币的币种。

（16）Issuing Date 　　出单日期

不迟于提单日期，一般应晚于发票日期。

（17）保单背书

保单背书的目的是转让保险利益，即在货物发生承保风险并造成损失时，可获得保险公司赔偿的权利。所以，在被保险人为受益人的情况下，受益人在向银行交单时，必须对保单进行背书，以便将索赔权转让给相关方。背书应按信用证的有关条款执行，若无特殊规定，则一般作空白背书。

保单的背书方法同提单基本相似。

①记名背书：

Endorsed to DEF Co. 或 Pay to DEF Co.

ABC Co. （签章）

December 10，2009。

②空白背书

ABC Co. （签章）

December 10，2009。

（18）Original 　　正本

一般在保险单上印就"Original"水印字样表示正本。还有一些保险单的第一份正本用"Original"或"First Original"表示；第二份正本用"Duplicate"或"Second Original"表示；第三份正本用"Triplicate"或"Third Original"表示。

（四）实例

根据北京深海贸易有限公司出口货物明细表（见表8－4）填制保险单。

保险单号码为：LS-IP1007

表 8 - 4　出口货物明细表

<table>
<tr><td>开证行</td><td colspan="2">DEVELOPMENT BANK OF SINGA-PORE LTD.</td><td>信用证号码</td><td colspan="2">LC 1234567</td></tr>
<tr><td rowspan="2">经营单位/委托人</td><td colspan="2" rowspan="2">北京深海贸易有限公司 （BEIJING SHENHAI TRADING CO. LTD）</td><td>开证日期</td><td colspan="2">MAY 3rd, 2009</td></tr>
<tr><td>合同号码</td><td colspan="2">SC1234</td></tr>
<tr><td rowspan="4">买方/开证申请人 APPLICANT OVERSEAS COMPANY 01 - 02 SULTAN PLAZA SINGAPORE</td><td colspan="2" rowspan="4"></td><td>成交条件</td><td colspan="2">CIF SINGAPORE</td></tr>
<tr><td>发票号码</td><td colspan="2">CI 12345</td></tr>
<tr><td>成交金额</td><td colspan="2">USD57600</td></tr>
<tr><td>贸易国别</td><td colspan="2">新加坡</td></tr>
<tr><td rowspan="6">提单或承运收据</td><td rowspan="2">抬头人 ORDER</td><td rowspan="2">TO ORDER</td><td>汇票付款人</td><td colspan="2">DEVELOPMENT BANK OF SINGAPORE LTD.</td></tr>
<tr><td>汇票期限</td><td colspan="2">AT SIGHT</td></tr>
<tr><td rowspan="3">通知人 NOTIFY</td><td rowspan="3">OVERSEAS COMPANY 01 - 02 SULTAN PLAZA SINGAPORE</td><td>出口口岸</td><td colspan="2">TIANJIN</td></tr>
<tr><td>目的港</td><td colspan="2">SINGAPORE</td></tr>
<tr><td>分批</td><td>NO</td><td>转运 NO</td></tr>
<tr><td rowspan="2">运　费</td><td rowspan="2">FREIGHT PREPAID</td><td>装运期限</td><td colspan="2">JUNE 28th, 2009</td></tr>
<tr><td>有效期限</td><td colspan="2">JULY 13th, 2009</td></tr>
</table>

<table>
<tr><td>标记唛码</td><td>货物名称、规格、货号</td><td>包装及件数</td><td>数量</td><td>毛重（kg）</td><td>净重（kg）</td><td>单价</td><td>总价</td></tr>
<tr><td>OVERSEAS SINGAPORE NO. 1 - 486</td><td>"SVA" BRAND COLOUR TELEVISION SET SC 3758</td><td>480 CTNS</td><td>480 SETS</td><td>1200</td><td>990</td><td>USD120</td><td>USD57600</td></tr>
</table>

<table>
<tr><td>信用证保险条款</td><td>COVERING ALL RISKS AND WAR RISKS FOR 110% OF INVOICE VALUE AS PER AND SUBJECT TO OCEAN MARINE CARGO CLAUSES OF THE PEOPLE'S INSURANCE COMPANY OF CHINA DATED 01/01/1981</td><td>总尺码</td><td>8. 34m³</td></tr>
</table>

<table>
<tr><td rowspan="5">注意事项</td><td>船　　名</td><td>HAILING</td></tr>
<tr><td>航　　次</td><td>V. 022</td></tr>
<tr><td>提 单 号</td><td>BL123</td></tr>
<tr><td>开航约期</td><td>JULY 5th, 2009</td></tr>
<tr><td>联系人/联系电话</td><td>杨光/12345678</td></tr>
</table>

保险单制作如表 8 - 5 所示。

表 8 - 5 保险单

中国人民保险公司

THE PEOPLE'S INSURANCE COMPANY OF CHINA

总公司设于北京　　　一九四九年创立

Head office：BEIJING　　　　Established in 1949

保　　险　　单　　　　保险单号次

INSURANCE POLICY　　　No. LS-IP1007

中国人民保险公司（以下简称本公司）

THIS POLICY OF INSURANCE WITNESSES THAT THE PEOPLE'S INSURANCE
COMPANY OF CHINA（HEREINAFTER CALLED "THE COMPANY"）

根　据　　北京深海贸易有限公司

AT THE REQUEST OF　BEIJING SHENHAI TRADING CO. LTD

（以下简称为被保险人）的要求由被保险人向本公司缴付约

（HEREINAFTER CALLED "THE INSURED"）AND IN CONSIDERATION OF THE
AGREED PREMIUM PAID TO THE COMPANY BY THE

定的保险费，按照本保险单承保险别和背后所载条款与下列

INSURED UNDERTAKES TO INSURE THE UNDERMENTIONED GOODS IN TRANSPOR-
TATION SUBJECT TO THE CONDITIONS OF THIS POLICY

特款承保下述货物运输保险，特立本保险单。

AS PER THE CLAUSES PRINTED OVERLEAF AND OTHER SPECIAL CLAUSES AT-
TACHED HEREON.

标　记 MARKS & NOS.	包装及数量 QUANTITY	保险货物项目 DESCRIPTION OF GOODS	保险金额 AMOUNT INSURED
As per Invoice No. CI12345	480CARTONS	"SVA" BRAND COL- OUR TELEVISION SET	USD 63360. 00

总保险金额

TOTAL AMOUNT INSURED：SAY US DOLLARS SIXTY THREE THOUSAND THREE
HUNDRED AND SIXTY ONLY

保费　　　　　　　　　　费率

PREMIUM　　AS ARRANGED

装载运输工具　　　　　　　RATE　AS ARRANGED　　PER

CONVEYANCE SS.　HAILING V. 022

开航日期　　　　　　　　　　　　自　　　　　至

SLG. ON OR ABT. AS PER BILL OF LADING FROM TIANJIN, CHINA TO SINGAPORE

承保险别

CONDITIONS　COVERING ALL RISKS AND WAR RISKS FOR 110% OF INVOICE VAL-
UE AS PER AND SUBJECT TO OCEAN MARINE CARGO CLAUSES OF THE PEOPLE'S IN-
SURANCE COMPANY OF CHINA DATED 01/01/1981.

所保货物，如遇出险本公司凭本保险单及其他有关证件给付赔款。

CLAIMS, IF ANY, PAYABLE ON SURRENDER OF THIS POLICY TOGETHER WITH OTHER RELEVANT DOCUMENTS.

所保货物，如发生本保险单项下负责赔偿的损失或事故，

IN THE EVENT OF ACCIDENT WHEREBY LOSS OR DAMAGE MAY RESULT IN A CLAIM UNDER THIS POLICY IMMEDIATE NOTICE

应立即通知本公司下述代理人查勘。

APPLYING FOR SURVEY MUST BE GIVEN TO THE COMPANY'S AGENT AS MENTIONED HEREUNDER:

YELTA INSURES & CO.

87 STAR PLAZA SINGAPORE

TEL: 065 － 746850

赔款偿付地点/赔款币种

CLAIM PAYABLE AT/IN   SINGAPORE   IN USD

日期   北京

DATE June. 26th, 2009   BEIJING

地址：中国北京增光路 23 号   中国人民保险公司北京分公司

Address：23 ZENGGUANG LU BEIJING, CHINA.   THE PEOPLE'S INSURANCE CO. OF CHINA,

TEL：87654321   BEIJING BRANCH

Fax：87654322   杨 明

General Manager

第九章 其他单据缮制方法

一 装箱单

（一）装箱单的基本作用

装箱单是表明货物的包装形式、包装内容、唛头、数量、重量、体积或件数的单据。其主要功能是补充商业发票内容之不足，通过填制包装件数（箱号）、装箱方式以及重量、运输标志等信息，便于买方了解商品的详情、提货及分拣，同时供第三方查验核对。

（二）信用证中有关装箱单条款示例

（1）Packing list in quadruplicate, detailed, showing the gross and net weight as well as exact contents of each individual package.

详细的装箱单一式四份，注明每件包装物的毛重、净重和确切内容。

（2）Packing list in 3-fold showing the gross weight, net weight and measurement of each package.

装箱单一式三份，注明每件包装物的毛重、净重和尺码。

(三) 缮制要点

装箱单与商业发票一样, 由出口商根据信用证要求和货物特点自行设计, 无统一固定的格式。其主要栏目的填制可参照商业发票。

(1) Seller、Buyer、Invoice、No.、Invoice Date、From、To、Marks&Nos.、Issued by 和 Signature 等项目的填写方法与发票相同。

(2) Total Packages (in Words) 货物总包装件数 (大写)。

(3) C/Nos. 件号

填写该栏时, 若某商品有两个以上货号, 应填写不同货号商品的包装序列号。例如, 某商品有两个货号, 包装件数分别为 100 件和 50 件, 则填写该栏时应对应不同的货号分别填入 "1 – 100" 和 "101 – 150"。

(4) Nos. & Kinds of Pkgs 包装件数及种类

应按货号分别填写相应的包装件数及种类, 并应注明该批货物的总包装件数及种类, 如 400CTNS。

(5) Item 项目

填写商品的名称及货号。装箱单中的货物描述可使用统称, 而不必像商业发票那样详尽, 但不得与信用证中的货物描述冲突。

(6) QTY. 数量

应列明不同货号的数量, 若各货号的数量单位相同, 还需注明该批货物的总数量。

(7) G. W. 毛重

应列明各货号的毛重及该批货物的总毛重, 切勿遗漏重量单位, 如 "kg"。

(8) N. W. 净重

应列明各货号的净重及该批货物的总净重, 同样切勿遗漏重量单位。

(9) MEAS. 尺码

应列明各货号的尺码及该批货物的总尺码, 数值通常需要保留三位小数，切勿遗漏尺码单位，如"M^3"。

（10）信用证对装箱单的特别要求

有时信用证会要求装箱单标明单位包装的毛重、净重和尺码，如"PACKING LIST/WEIGHT MEMO IN 3 COPIES INDICATING QUANTITY/GROSS AND NET WEIGHT OF EACH PACKAGE"，则可在装箱单中间部分的空白处加注此信息。

注意：除非有特别说明，否则每一行的商品数量、毛重、净重、尺码均指该货号的总数量、总毛重、总净重、总尺码。包装件数、数量、毛重、净重、尺码除了分货号列明以外，还应在最后汇总表明总值。如有不同的包装种类，包装件数的总值可以以"Packages"为单位，如数量也有不同的计量单位，数量的总值则可以以"Units"为单位。

（四）实例

已知：

（1）客户名称地址：GOLDEN LION INDUSTRIAL CO. LTD

NO. 783 STONE STREET,

BARCELONA, SPAIN

（2）付款方式：20% T/T BEFORE SHIPMENT AND 80% D/P AT SIGHT

（3）装运信息：指定 COSCO HAILING V.022 承运

装期：May 10, 2009

起运港：NINGBO

目的港：BARCELONA

（4）价格条款：CFR BARCELONA

（5）唛头：GOLDENLION

05AR225031

BARCELONA

C/N：1－460

（6）货物描述：

P. P INJECTION CASES，ZL0322 + BC05，230 SET AT USD 42.00/ SET USD 9660.00

P. P INJECTION CASES，ZL0319 + BC01，230 SET AT USD 41.00/ SET USD 9430.00

（中文品名：注塑箱四件套）

（7）装箱资料（见表9－11）：

表9－1　装箱资料

箱　号	货　号	包　装	件　数	毛重（KGS）	净重（KGS）	体积（M³）
1－230	ZL0322 + BC05	CTNS	230	18.5/4255	16.5/3795	34
231－460	ZL0319 + BC01	CTNS	230	18.5/4255	16.5/3795	34

（8）合同号：05AR225031

签订日期：APR.25，2009

（9）商业发票号：AC05AR031

签发日期：APR.30，2009

要求：GREAT WALL TRADING CO. LTD.（Room 201 HUASHENG BUILDING，NINGBO，P. R. CHINA，TEL：0574 – 24704015，FAX：24691619）根据已知资料缮制装箱单。

根据已知资料制作装箱单如表9－2所示。

表9－2　装箱单

长城贸易有限公司
GREAT WALL TRADING CO., LTD.
Room 201 HUASHENG BUILDING, NINGBO, P. R. CHINA
TEL：0574 – 24704015　FAX：24691619
PACKING LIST

TO：GOLDEN LION INDUSTRIAL CO. LTD.

NO. 783 STONE STREET,

BARCELONA, SPAIN

INVOICE NO：AC05AR031

INVOICE DATE：APR.30, 2009

S/C NO.：05AR225031

S/C DATE：APR.25, 2009

FROM：NINGBO   TO：   BARCELONA BY HAILING V. 022

LETTER OF CREDIT NO. ：_____   DATE OF SHIPMENT：MAY 10, 2009

Marks/ Nos.	No. and Kind of Pksgs	Description	Quantity	GW	NW	MEAS
GOLDENLION 05AR225031 BARCELONA C/N：1 - 460		P. P IN- JECTION CASES ART. NO. ： ZL0322 + BC05	230 SET	18. 5/ 4255KGS	16. 5/ 3795KGS	34M^3
		ART. NO. ： ZL0319 + BC01	230 SET	18. 5/ 4255KGS	16. 5/ 3795KGS	34M^3
	460 CARTONS OF ONE SET EACH					
TOTAL：			460 SET	8510KGS	7590KGS	68M^3

TOTAL：SAY FOUR HUNDRED AND SIXTY CARTONS ONLY

GREAT WALL TRADING CO. , LTD.

杨光

二 原产地证明

（一）基本作用

一般原产地证书（商会产地证）和普惠制原产地证书都是一种证明商品的原产国别的证书。其中，普惠制原产地证书是当商品出口到给予普惠制的国家时所应提供的原产地证书。

（二）信用证中有关原产地证条款示例

（1）Certificate of Origin Issued by China Council for Promotion of International Trade.

由中国国际贸易促进委员会出具的原产地证书。

（2）G. S. P. Certificate of Origin Form A Showing Importing Country.
注明进口国的普惠制原产地证书（格式 A）。

（三）一般原产地证缮制要点

（1）Certificate No.　　证书号码

（2）Exporter　　出口商

按信用证填写受益人的名称和详细地址。

（3）Consignee　　收货人

填写最终收货人（一般为进口商）的名称和详细地址。

注意：不要与提单上收货人一栏的填写方法混淆。

（4）Means of Transport and Route　　运输方式和路线

填写装货港、到货港及运输方式，如有转运，必须注明转运港口。

（5）Country/Region of Destination　　目的地国家（地区）

一般应与收货人的国别一致，不能填写转口国国家名称。

（6）For Certifying Authority Use Only　　签证机关专用栏

一般情况下，此栏空白，由签证当局视情况填写相应的内容。

（7）Marks and Numbers　　运输标志

此栏填写商品包装上的运输标志，应完整、规范并与其他单据上的运输标志一致。不能简单填写"As per Invoice No. xxx"或类似表示。如果货物没有运输标志，则填写"N/M"。如果运输标志过多，此栏不够填写，可加注在其后各栏的空白处。

（8）Number and Kind of Packages；Description of Goods　　包装数量及种类

本栏填写商品的名称以及商品外包装的数量及种类。包装件数需同时注明大小写，应填写具体的商品名称，不要填写商品大类诸如"Machine"等，商标、品牌、货号一般不填写，且不能与信用证中的货物描述相冲突。注意：在货物描述结束时应有终止符"**********",以免被添加没有经过认证的货物。

(9) H. S. Code　　HS 编码

本栏应按照商品在《商品名称和编码协调制度》(Harmonized Commodity Description & Coding System) 中的编码填写。注意：本栏中的编码要与报关单中的商品编码一致，以当年海关公布的货物税则编码为准。

(10) Quantity　　数量或重量

应按照提单或其他运输单据中的数量填写。若填重量的话，则应填入毛重。

(11) Number and Date of Invoices　　发票号码和日期

填入本次交易的发票号码和发票日期。注意：此栏不得留空。

(12) Declaration by the Exporter　　出口商声明

本栏必须由出口商手签、加盖公章并加注签署地点、日期。注意：该日期不能早于发票日期（一般与发票日期相同），也不能迟于装船日期和签证机关栏的日期。

(13) Certification　　签证机关栏

本栏供签证机构证明用。必须由签证机构手签、加盖公章并加注签署地点、日期。

(14) 信用证要求在原产地证明上加注的内容

一般加注在单据中间部位的空白处。

（四）普惠制原产地证书（格式 A）填制要点

(1) Reference No.　　证书号码

另外，在证头的横线上也应该有"Issued in THE PEOPLE'S REPUBLIC OF CHINA"字样，而且必须是英文全称，不得简化。

(2) Goods Consigned from (Exporter's Business Name, Address, Country)

填写出口商的详细名称、地址。注意：要与信用证的有关写法一致。

（3）Goods Consigned to（Consignee's Name，Address，Country）

收货人的名称和详细地址、所在国家。一般应填写给惠国最终收货人名称，如果最终收货人不明确，可填发票抬头人，但不得填写中间转口商的名称。注意：不要与提单上收货人一栏的填写方法混淆。

（4）Means of Transport and Route 所知运输方式及路线

注明装货港、到货港及运输方式。如果有转运，也要注明。

（5）For Official Use 供官方使用

此栏为签证机构在补发证书或加注其他声明时使用，一般留空。

（6）Item Number 项目顺序号

即商品的顺序号。若同批出口货物有不同种类（不同税目号），则应分列，并在此栏标注 01、02、03 等。单类商品，此栏则填 01。

（7）Marks and Numbers of Packages 运输标志及件号

此栏填写商品包装上的装运标志，应完整、规范并与其他单据上的装运标志一致。不能简单填写"As per Invoice No. xxx"或类似字样。如果货物没有运输标志，则填写 N/M。如果运输标志过多，此栏不够填写，可加注在其后各栏的空白处。

（8）Number and Kind of Packages；Description of Goods 包装数量及种类；货物描述

本栏的填写内容及方法参考一般原产地证该项内容的填写。

（9）Origin Criterion（Notes Overleaf） 原产地标准

必须按产地证背面有关条款填入"P"、"W"、"F"等字母。

其具体规定如下。

①完全自产产品，无进口成分，只需填"P"。

②含进口成分，但经过出口国充分加工的产品输往欧盟 15 国及瑞士、挪威和日本时填"W"，并在其后加注出口产品在海关合

作理事会税则目录（CCCN）的税目号（如"W"96.18）。

③出口加拿大的商品，如果其所含的进口成分占产品出厂价的40%以下，则填"F"。

④出口到澳大利亚或新西兰的产品，此栏可不填。

（10）Gross Weight or Other Quantity 毛重或其他数量

应按照提单或其他运输单据中的数量填写。如果以重量计量的话，则应填入毛重。

（11）Number and Date of Invoices 发票号码和日期

填写本次交易的发票号码和发票日期。注意：此栏不得留空。为避免对月份、日期的误解，月份应用英文表述。

（12）Certification 签证机关栏

本栏为签证机关证明用。必须由签证机关手签、加盖公章并加注签署地点、日期。

（13）Declaration by the Exporter 出口商声明

本栏填写产品原产国和进口国（给惠国），并且必须由出口商手签、加盖公章并加注签署地点、日期。注意：该日期不能早于发票日期（一般与发票日期相同），也不能迟于装运日期和签证机关栏的日期。

（14）信用证对普惠制原产地证明的特别要求

如果信用证要求普惠制原产地证明需加注特别的内容，可填写在原产地证明中间的空白处。

（五）实例

（1）根据一般原产地证书（见表9-3）回答下列问题：

①该业务中出口商和收货人分别是谁？

②该业务出口采用何种运输方式？装运港和目的港是哪里？

③出口商品名称是什么？采用什么包装？共多少件？

④该业务的发票签发日期是什么时间？发票号码是什么？

表 9 - 3　ORIGINAL

1. Exporters（full name and address） BEIJING KNITWEAR IMP. & EXP. CO. LTD. 1040 LIZE ROAD BEIJING，CHINA	CERTIFICATE NO.			
2. Goods consigned to（Consignee's name，address，country） I. C. ISAACS & CO. LTD. 3840 BANK STREET， BALTIMORE, MARYLAND 21224，U. S. A.	CERTIFICATE OF ORIGIN OF THE PEOPLE'S REPUBLIC OF CHINA			
3. Means of transport and route FROM TIANJIN TO BALTIMORE BY SEA	5. For certifying authority use only			
4. Country/region of destination U. S. A.				

6. Marks and numbers	7. Number and kind of packages；description of goods	8. H. S. Code	9. Quantity	10. Number and date of invoices
I. C. ISAACS & CO. LTD. BALTIMORE USA CTN/NO. 1 - 45 MADE IN CHINA	FORTY FIVE（45）CARTONS 65% POLYESTER& 35% COTTON LADIES' KNIT JACKET STYLE NO. H32331SE L/C NO. 89854955 *********	8561. 0400	QUANTITY 1080PCS	29B00558Y JUNE 8th，2009

11. Declaration by the exporter The undersigned hereby declares that the above details and statements are correct；that all the goods were produced in China and that they comply with the rules of origin of the People's Republic of China. BEIJING KNITWEAR IMP. & EXP. CO. LTD. BEIJING JUNE 18th, 2009 扬　光 Place and date，signature and stamp of authorized signatory	12. Certification It is hereby certified that the declaration by the exporter is correct 北京出入境检验检疫局 Beijing Entry-Exit Inspection and Quarantine Bureau BEIJING JUNE 19th, 2009

问题回答如下：

①出口商为北京市针织品进出口有限公司；

收货人为美国马里兰州巴尔的摩 I. C. ISAACS 股份有限公司。

②海洋运输；装运港是天津；目的港是巴尔的摩。

③65%多元酯纤维35%棉女士针织夹克衫；采用的是纸箱包装；共 1080 件。

④发票签发日是 2009 年 6 月 8 日；发票号码是 29B00558Y。

（2）北京诚庆贸易公司（BEIJING CHENGQING IMP. & EXP. CORP., NO. 213 JIANAN ROAD, BEIJING, CHINA）与西班牙某公司（GOLDEN LION INDUSTRIAL CO. LTD., NO. 783 STONE STREET, BARCELONA, SPAIN）达成一笔出口文具的交易。试根据表 9-4 的内容审核所提交的普惠制产地证（见表 9-5）中存在的问题，并说明应该如何修改。

表 9-4 货物明细单 DEMEI BRAND DESKTOP SET

货号	数量	计量单位	单价	包装方式	包装种类	包装重量		包装尺码
						毛重	净重	长×宽×高
TK338	3600	SET	US $7.20	24	CARTON	16KGS	12KGS	53×40×50CM³
TK402	6000	SET	US $8.50	24	CARTON	16KGS	12KGS	53×40×50CM³
TK491	6000	SET	US $9.00	24	CARTON	16KGS	12KGS	53×40×50CM³

合同号码：GL2508　　签订日期：11 - Aug - 09

发票号码：CQ0502　　发票日期：20 - Aug - 09

装运港：TIANJIN　　目的港：BARCELONA, SPAIN

运输标志：GOLDEN LION

　　　　　GL2508

　　　　　BARCELONA

　　　　　C／NO. 1 - UP

渣打银行巴塞罗那分行开立的信用证中规定：CERTIFICATE OF ORIGIN FORM A PLUS ONE COPY ISSUED BY COMPETENT AUTHORITY OF THE PEOPLE'S REPUBLIC OF CHINA, SPECIFYING ON IT THE CONTRACT NO.

表 9 – 5 ORIGINAL

1. Goods consigned from (Exporters business name, address, country) BEIJING CHENQING IMP. & EXP. CORP. NO. 213 JIANAN ROAD BEIJING, CHINA	Reference No. GSPW IZJ894 GENERALIZED SYSTEM OF PREFERENCES CERTIFICATE OF ORIGIN (Combined declaration and certificate) FORM A
2. Goods consigned to (Consignee's name, address, country) GOLDEN LION INDUSTRIAL CO. LTD. NO. 783 STONE STREET, BARCELONA, SPAIN	Issued in THE PEOPLE'S REPUBLIC OF CHINA (country) See Notes overleaf
3. Means of transport and route (as far as known) FROM TIANJIN, CHINA TO BARCELONA, SPAIN BY SEA	4. For official use

5. Item Number	6. Marks and numbers of packages	7. Number and kind of packages; description of goods	8. Origin criterion (see Notes overleaf)	9. Gross weight or other quantity	10. Number and date of invoices
01	GOLDEN LION GL2508 SPAIN C/NO. 1 – 650	650 CTNS (SAY SIX HUNDRED AND FIVE CARTONS) OF DESKTOP SET *********	"P"	10400KGS	CQO502 20 – AUG – 09

| 11. Certification
It is hereby certified, on the basis of control carried out, that the declaration by the exporter is correct

北京出入境检验检疫局
Beijing Entry-Exit Inspection and
Quarantine Bureau

BEIJING, 10 – SEP – 09
孙萍萍 | 12. Declaration by the exporter
The undersigned hereby declares that the above details and statements are correct; that all the goods were produced in ___CHINA___
(country)
and that they comply with the origin requirements specified for those goods in the Generalized System of preferences for goods exported to
___SPAIN___
(importing country)
BEIJING CHENGQING IMP. & EXP.
CORP. 远征
BEIJING, 10 – SEP – 09 |

回答问题如下:

(1) 发货人公司名称错误,应为"CHENGQING"。

(2) 运输标志有误,第三行应改为"BARCELONA"

(3) 商品描述中包装总件数的大写错误,应为"SIX HUNDRED AND FIFTY CARTONS ONLY"。

(4) 发票号码不是 CQO502,应改为 CQ0502。

(5) 未按信用证要求显示合同号码,应补上"CONTRACT NO. GL2508"。

(6) 提交份数不符合信用证规定,应为一正一副,即两份。

三　商检证书

(一) 基本作用

进出口商品经商检机关检验、鉴定后由商检机关出具、签发的各类证书统称为商检证书。商检证书是进出口交易中的一种重要的证明文件。

(二) 信用证中有关商检证书条款示例

（1）Inspection Certificate of Quality and Weight issued by China Commodity Inspection Bureau.

由中国商品检验局出具的质量和重量检验证书。

（2）Clean Report of Finding issued by Societe Generale de Survillance（SGS）Hong Kong, evidencing that quality, and packing of goods in full compliance with the requirement of L/C.

由香港 SGS 出具的清洁报告书，证实货物的质量和包装完全符合信用证的要求。

（3）Certificate of Analysis in duplicate in English version, issued by manufacturer with detailed specification.

由制造商出具的英文版本的化验证书，一式两份，包含详细规格。

(三) 缮制要点

（1）证书的名称、项目

检验证书的种类繁多，因此必须注意检验项目要和证书名称、信用证要求相符。例如，若信用证要求提交"Quality and Weight Inspection Certificate"，则除了在检验项目上应有质量和重量两个项目外，证书的名称也必须从表面上符合信用证要求。

（2）Consignor 发货人

一般为出口人，即信用证受益人。

（3）Consignee 收货人

一般为进口人，即信用证开证申请人。也可为"To whom it may concern."（致"有关当事人"）。

（4）Description of Goods 货物描述

可使用统称，而不必像商业发票那样详尽，但不得与信用证中的货物描述冲突。

（5）Quantity /Weight Declared , Number and Type of Packages

报验数量/重量、包装种类和数量

一般在数字前后加上"-"符号，以防更改。

(6) Means of Conveyance　　运输工具

若不明确，也可填写运输方式，如"By Sea"。但是，所填写内容不能与其他单据相矛盾。

(7) Mark & No.　　运输标志及号码

(8) Results of Inspection　　检验结果

若信用证对此有文句上的要求，也必须符合。

(9) Place of Issue, Date of Issue　　签发地点、签发日期

一般而言，签发日期不应迟于提单日期。

(10) Official Stamp, Authorized Officer, Signature

公章、签发人姓名、签字

(11) 信用证要求在检验证书上加注的内容

一般加注在单据中间部位的明显处，如 Results of Inspection 一栏的空白处。

(12) 正本

在检验证书的右上角标着"Original"字样表示正本。

(四) 实例

北京深海进出口公司（BEIJING SHENHAI IMP. & EXP. CORPORATION）出口毛绒玩具到荷兰鹿特丹 Tivolian Trading B. V. 公司。卖方收到买方通过 F. VAN LANSCHOT BANKIERS N. V. , ROTTERDAM, NETHERLANDS 开出的号码为 AM/VA07721SLC 的信用证，其中的部分内容如下：

DESCRIPTION OF GOODS AND/OR SERVICES：

2 ITEMS OF TOTAL 1008 SETS OF PLUSH TOYS AS PER APPLICANT'S ORDER NUMBER TIV-PO-CSH0873 AND BENEFICIARY'S CONTRACT NUMBER 08HY-TIV0373

LABEL：CE/IMP. 087 FOR ARTICLES KB0278, KB5411

TERMS OF DELIVERY: CIF ROTTERDAM（INCOTERMS 2000）

PACKING IN NEUTRAL SEAWORTHY EXPORT CARTONS SUITABLE FOR LONG DISTANCE OCEAN TRANSPORTATION OF 4 SETS EACH, EQUALLY ASSORTED IN ONE 20'FCL.

SHIPPING MARKS: CE/IMP. 087

TIV-PO-CSH0873

ROTTERDAM

CARTON NO. 1 AND UP

FOLLOWED BY: ARTICLE NUMBER

DOCUMENTS REQUIRED:

ORIGINAL AND COPY OF QUALITY INSPECTION CERTIFICATE ISSUED BY AQSIQ BEARING THIS CREDIT NUMBER.

卖方在规定装运期限内将货物交 COSCO HELLAS 号，013W 航次运出。

卖方提交到议付行的检验证书如表 9 – 6 所示。

表 9 – 6　检验证书

北京出入境检验检疫局 **Beijing Entry–Exit Inspection and Quarantine Bureau**	正本 ORIGINAL
	编号 No.: 034909628062673
QUALITY INSPECTION CERTIFICATE	

发货人 Consignor	BEIJING SHENHAI IMP. & EXP. CORPORATION	
收货人 Consignee	TIVOLIAN TRADING B.V.	
品名 Commodity	PLUSH TOYS	标记及号码 Mark & No.
报检数量/重量 Quantity/Weight Declared	-2080-SETS/-3155-KGS	CE/IMP. 087
包装种类及数量 Number and Types of Packages	-225-CTNS	TIV-PO-CSH0873 ROTTERDAM
运输工具 Means of Conveyance	COSCO HELLAS/013	CARTON NO.1-252

检验结果:
RESULTS OF INSPECTION:
　　At the request of consignor, our inspectors attended at the warehouse of the consignment on 2009/5/16. In accordance with the relevant state stipulations GB2828 and GB6675, 13 cartons were taken and opened at random for visul inspection, from which representative samples were drawn and inspected according to the stipulation mentioned above. The results
are as follows:
　　Appearance: Pass.
　　Specifications: Pass.
　　Quantity: -1008-SETS, -252-CTNS
　　Safety: Pass
　　Hygienics: Pass

印章　　　签证地点Place of Issue **BEIJING** 签证日期 Date of Issue **MAY 17, 2009**
Official Stamp

　　授权签字人 Authorized Officer **YUAN HANG** 签名 Signature **远 航**

我们已尽所知和最大努力实施上述检验,不能因我们签发本证书而免除卖方或其他方面根据合同和法律所承担的产品质量责任和其他责任。

All inspections are carried out conscientiously to the best of our knowledge and ability. This certificate does not in any respect absolve the seller and other related parties from his contractual and legal obligations especially when product quality is concerned.

B 0211467　　　　　　　　　　　　　　　　　　　　[c 1–1(2005.1.1)]

　　请根据已知材料审核其中的不妥之处并提出修改意见。

　　问题回答如下:

　　①包装数量有误,应为252CTNS。

　　②运输工具中显示的航次与实际不符,应为013W。

　　③标记及号码不符合信用证要求,两个货号的标记不同,应
分别为:

CE/IMP. 087	CE/IMP. 087
TIV-PO-CSH0873	TIV-PO-CSH0873
ROTTERDAM	ROTTERDAM

CARTON NO. 1 – 126　　CARTON NO. 1 – 126

KB0278　　　　　　　KB5411

④未显示信用证号码，应在中间空白处加注 L/C NO. AM/VA07721SLC。

⑤缺少出证机构的公章，应加盖出证机构公章。

四　受益人证明

（一）基本作用

受益人证明是出口方根据信用证的要求出具的证明其已履行某种义务或办理某项工作的单据。常见的受益人证明，一般是关于商品品质、包装、已发装船通知、已寄单、已寄样品等情况的证明。证明内容参照信用证的具体规定。

（二）信用证中有关受益人证明的条款示例

（1）Beneficiary's Certificate certifying that full set of non-negotiable copies of documents to be sent to Applicant immediately after shipment.

证实全套非流通单据副本在装运后马上发给申请人的受益人证明。

（2）Beneficiary's Statement indicates that cable copy of shipping advice dispatched to the accountee immediately after shipment.

声明装运通知的电报副本在装运后马上发给开证申请人的受益人声明。

（3）Beneficiary's Declaration stating that one complete set of non-negotiable shipping documents sent directly to the opener by express airmail within 2 days after shipment.

声明一整套非流通运输单据在装运后两天内通过快递邮件直接寄给开证人的受益人声明。

（4）Beneficiary's Certificate certifying that each export package to be marked with "MADE IN CHINA".

证实每件出口货物包装上都有"中国制造"标志的受益人证明。

（三）缮制要点

（1）名称——单据名称位于单据正上方，应根据信用证要求标注，如 Certificate（证明），Statement（声明），Declaration（申明）。

（2）日期——受益人申明/证明的日期应与证明内容相吻合，并符合信用证的要求。例如，提单日期是 5 月 8 日，受益人证明的有关内容是"We hereby certify that one set of non-negotiable shipping documents has been airmailed to the Applicant within 2 days after the shipment date."则受益人证明的日期不能早于 5 月 8 日，当然也不能晚于信用证规定的交单日期。

（3）抬头人——除非信用证另有规定，通常填写为"TO WHOM IT MAY CONCERN"。

（4）事由——一般填写货物名称或信用证号码，非信用证支付方式下的证明则填写发票号或合同号。

（5）内容——受益人申明的内容应根据信用证要求的内容缮制。但有时应对所用时态作相应变化。例如，信用证条款规定："Beneficiary's Certificate certifying all the packages to be lined with waterproof paper and bound with two iron straps outside."则受益人证明应为："…packages have been lined…"。

（6）签署——受益人证明应注明出证人的公司名称并签章。

（7）正本——在受益人原始信笺上出具的或是经签章的受益人证明，均可被视为正本，也可直接在其名称下方标注"Original"字样。

（四）实例

广州光明贸易有限公司（CHINA GUANGZHOU BRIGHT TRADING CO. LTD., NO.1, HEPING STREET, GUANGZHOU,

CHINA）收到的信用证中规定："BENEFICIARY'S CERTIFICATE STATING THAT ONE SET OF NON-NEGOTIABLE SHIPPING DOCU-MENTS TOGETHER WITH ORIGINAL GSP FORM A HAVE BEEN SENT TO THE APPLICANT BY DHL WITHIN 72 HOURS AFTER SHIPMENT. "，公司将货物发运后收到的运输单据的出单日期为 2009 年 9 月 18 日，公司业务员杨光在 9 月 20 日按要求寄送有关单据。请根据以上内容缮制受益人证明。

缮制受益人证明如表 9 - 7 所示。

表 9 - 7　受益人证明

CHINA GUANGZHOU BRIGHT TRADING CO., LTD. NO.1, HEPING STREET GUANGZHOU, CHINA BENEFICIARY'S CERTIFICATE **TO WHOM IT MAY CONCERN　　DATE: SEP. 20, 2009** **RE: L/C NO. 12345** WE HEREBY CERTIFY THAT ONE SET OF NON-NEGOTIABLE SHIPPING DOCUMENTS TOGETHER WITH ONE ORIGINAL GSP FORM A HAVE BEEN SENT TO THE APPLICANT BY DHL WITHIN 72 HOURS AFTER SHIPMENT. 　　　　　　CHINA GUANGZHOU BRIGHT TRADING CO. LTD. 　　　　　　　　　杨光

五　装运通知

（一）基本作用

装运通知是出口方在订妥舱位或货物装船后发给进口方的通知。有时，进口方为了督促出口方履行通知的义务，就在信用证中要求受益人在交单时提交装运通知的副本，作为议付单据之一。

（二）信用证装运通知副本条款示例

（1）Beneficiary's certified copy of cable/telex dispatched to appli-

cant within 48 hours after shipment advising L/C No. , name of vessel/
flight number, date, quantity, weight and value of the shipment.

受益人的证明书副本，证明在装运后 48 小时内向申请人发出
电报/电传，通知信用证编号、船名/航次、装运日期、货物的数
量，重量和价格。

（2）Shipment advice showing the name of the carrying vessel, date
of shipment, amount and the number of this Documentary Credit must be
sent by registered airmail to the applicant. The relative postal registra-
tion receipt and a copy of the shipping advice must be attached to the
documents.

注明承运船只的船名、出航日期、本跟单信用证的金额和编
号的装运通知必须通过航空挂号信寄给申请人。提交的单据必须
附上有关的挂号邮件收据和装运通知副本。

（三）缮制要点

装运通知的缮制没有统一的格式，在拟写装运通知时必须关
注相关文件，除了内容应符合信用证、合同等的要求外，其发送
的方式（传真、信函或电子邮件等）、发送的时间也必须符合合同
或信用证的规定。其主要内容包括：货物品名、数量、金额、运
输标志、提单号码、船名、航次、装运港、装运日、目的港、预
计到港日、发票号码、货物原产地等。作为投保通知的装运通知，
往往还要求注明预约保单号码等。

需要特别注意的是，若装运通知被作为信用证项下向银行提
交的单据，则除了要符合信用证对装运通知本身的规定以外，还
必须符合信用证对提交单据的一般要求，例如，若信用证规定
"credit number and date should be shown in all documents"，则装运通
知中也必须注明信用证号码和日期。

（四）实例

若信用证中规定"Shipment advice showing quantity, weight,

value, marks of the shipment, the name of the carrying vessel, date of shipment, and the number of this Documentary Credit must be sent by registered airmail to the applicant. 请根据以下合同资料缮制装船通知。

（1）出口商公司名称：GUANGZHOU BRIGHT IMP.& EXP. CORP. LTD；

（2）进口商公司名称：ABC DEVELOPMENT CORP. LTD；

（3）支付方式：20% T/T BEFORE SHIPMENT AND 80% L/C AT 30 DAYS AFTER SIGHT；

（4）装运条款：FROM GUANGZHOU TO SINGAPORE NOT LATER THAN SEP. 25, 2009；

（5）价格条款：CIF SINGAPORE；

（6）货物描述（见表9-8）：

表9-8 货物详细情况

货号规格	装运数量及单位	总金额	总毛重/净重
S123	700DOZ	USD19180.00	33KGS/31KGS
S456	800DOZ	USD31680.00	45KGS/43KGS
S789	160DOZ	USD5440.00	15KGS/31KGS

包装情况：一件一塑料袋装，8 打或 10 打一箱

尺码搭配：	M	L	XL	
S123：	3	3	4	10 打/箱
S456：	2	3	3	8 打/箱
S789：	1.5	3.5	3	8 打/箱

（7）唛头由卖方决定（要求使用标准化唛头）；

（8）L/C NO. LC123456 DATED AUG. 18, 2009 ISSUED BY

BANK OF CHINA SINGAPORE BRANCH；

　　（9）船名：HONGHE V. 188；

　　启航时间：SEP. 20, 2009

　　B/L NO.：ABCl23

　　（10）INVOICE NO.：INV12345

　　制作装运通知如表 9 - 9 所示：

表 9 - 9　装运通知

SHIPPING ADVICE

TO：ABC DEVELOPMENT CORP. LTD. 　　　　DATE：SEP. 20, 2009

L/C NO.：LC 123456

DEAR SIRS,

　　WE HEREBY INFORM YOU THAT THE GOODS UNDER THE ABOVE MENTIONED CREDIT HAVE BEEN SHIPPED. THE DETAILS OF THE SHIPMENT ARE STATED BELOW：

　　COMMODITY：MEN'S COTTON SHIRTS

　　NUMBER OF PKGS：190 CASES

　　TOTAL G. W.：93 KGS

　　TOTAL VALUE：USD56300. 00

　　SHIPPING MARKS：ABC

　　　　　　　　　 LC123456

　　　　　　　　　 SINGAPORE

　　　　　　　　　 C/NO.：1 - 190

　　OCEAN VESSEL：HONGHE V. 188

　　DATE OF SHIPMENT：SEP. 20, 2009

　　PORT OF LOADING：GUANGZHOU

　　DESTINATION：SINGAPORE

GUANGZHOU BRIGHT IMP. & EXP. CO. LTD.
杨光

六　货物装运前的其他有关单据的缮制要点

（一）订舱委托书

（1）发货人（托运人）——填写出口公司（信用证受益人）。

（2）收货人——填写信用证规定的提单收货人。

（3）通知人——填写信用证规定的提单通知人。

托运人、收货人、通知人这三栏为提单 B/L 项目要求，以后运输公司签发的提单上的相应栏目的填写也会参照订舱委托书的写法。因此，这三栏的填写应该按照信用证提单条款的相应规定填写（具体可以参见提单条款的填制方法）。

（4）装运期限——填写信用证规定的最迟装运日。

（5）运输方式——选择实际采用的运输方式，如 By Sea（海运），或 By Air（空运）等。

（6）装箱方式——选择货物实际采用的装箱方式，如 FCL（整箱），或 LCL（拼箱）等。

（7）集装箱种类——选择集装箱种类，如 20'GP（20 英尺普通集装箱），或 40'GP（40 英尺普通集装箱）。

（8）集装箱数量——填写实际所用集装箱的数量。

（9）转船运输、分批装运——根据信用证中对转船和分批的规定填写，允许即为 YES，不允许即为 NO。

（10）运费交付——参照相关的贸易术语选择。例如，采用 CFR、CIF 术语时选择 PREPAID（Freight prepaid，运费预付），采用 FOB 术语时选择 COLLECT（Freight to collect，运费到付）。这与信用证要求提单上显示的运费条款应是一致的。

（11）装运口岸——填写信用证规定的起运地。如果信用证未规定具体的起运港口，则填写实际装货港名称。

（12）目的港——填写信用证规定的目的地。如果信用证未规定具体的目的港口，则填写实际卸货港名称。

（13）成交条件——填写成交的贸易术语，例如，FOB、CIF、CFR 等。

（14）联系人、电话/传真——填写发货人公司的联系人及联系方式。

（15）标记唛码——填写货物的装运标志，即通常所说的"唛头"。如果信用证中有关于运输标志的规定，则严格按照规定的内容缮制。

（16）货物描述——填写货物的名称。可以填写货物的总称，但不得与信用证上的货物描述冲突。

（17）总件数、总毛重、总尺码——填写该批出口货物的总的外包装数量、总毛重、总体积。不必按货号分开，只需填写总数即可。注意：总件数是指外包装件数，而不是商品的数量。

（18）备注——发货人对订舱的特殊要求（如对承运船舶有特殊要求）、信用证对提单上显示的信息有特殊要求（如要求加注某些证明文句）或要求船公司除签发提单之外需另行出具某些单据，均可填入此栏。

（二）投保单

（1）保险人——填写承保此批货物的保险公司的名称。通常，各个保险公司会在自己公司的投保单上事先印就以其自身为保险人。

（2）被保险人——除非信用证有特别规定，CIF交易中被保险人一般为信用证受益人，即出口公司。

（3）发票号、合同号、信用证号码——按实际情况填写。

（4）发票金额、投保加成——各国保险法及国际贸易惯例一般都规定进出口货物运输保险的保险金额可在CIF价值（发票金额）基础上适当加成。对于加成投保的问题，INCOTERMS 2000和UCP 600都规定，最低的保险金额必须为合同金额/CIF货物价值的110％，即投保加成率为10％（一成）。

（5）标记——即"唛头"，填写货物的装运标志，也可以简单填写"As per Invoice No. ×××"。

（6）包装及数量——填写商品外包装的种类及数量。

（7）保险货物项目——填写商品的名称，一般只写货物总称。

（8）保险金额——按信用证规定的金额及加成率投保。如果信用证对此未作具体规定，则按 CIF 或 CIP 或发票金额的110%投保。注意：投保单上的保险金额的填法应该是"进一取整"，即，如果保险金额经计算为 USD23504.15，则在投保单上应填 USD23505.00。

（9）启运日期——填写货物实际出运的日期，也可填写"As per B/L No. …"。

（10）装载运输工具——填写运输工具的名称。如果采用海运则根据配舱回单填写相应的承运船名及航次。

（11）自…经…至…——填写货物实际的装运地、转运地以及目的地。如无转运地，可以留空。

（12）提单号——填写相关提单的号码。配舱回单上的 D/R No.，即为日后的提单号码。

（13）赔款偿付地点——根据信用证中对保险单据条款的规定填写。一般为目的地或进口国。

（14）投保险别——填写信用证规定的投保险别，包括险种和相应的保险条款等。

（15）备注——填写信用证中对保险单据的其他特殊要求，包括份数、证明文句等。

（16）投保日期——填写出口公司投保的日期，通常不应迟于实际装运日。

（17）投保人签字——本栏要有出口公司的公章并由具体经办人签字。

（三）报关单

（1）预录入编号——报关企业对该报关单所作的内部编号，其编号规则由海关决定。

（2）海关编号——海关接受申报时给予报关单的编号，由海关确定。

（3）出口口岸——指货物出境的最后一个口岸的海关名称。

（4）备案号——进出口企业在海关办理加工贸易合同备案或征、减、免税备案等手续时，海关给予的有关备案审批文件的编号。无备案审批文件的，本栏免于填报。

（5）出口日期——运载所申报货物的运输工具办结出境手续的日期，即承运船舶开航的日期。

（6）申报日期——海关接受申请的日期。

（7）经营单位——对外签订和执行合同的境内企业或单位的中文名称。

（8）运输方式——载运货物出境的运输工具的分类，如"江海运输"、"航空运输"等。

（9）运输工具名称——载运货物出境的运输工具的名称，若为江海运输，则填写船舶的英文名称。

（10）提运单号——出口货物提单或运单的编号。

（11）发货单位——出口货物在境内的生产或销售单位的中文名称。

（12）贸易方式——买卖双方将商品所有权转让所采用的方式，如一般贸易、易货贸易、来料加工、补偿贸易、进料加工等。

（13）征免性质——海关对进出口货物实施的征、减、免税管理的性质类别，如一般征税、加工设备、来料加工等。

（14）结汇方式——收结外汇的方式，如信用证、付款交单、承兑交单、电汇等。

（15）许可证号——商务部及其授权发证机关签发的进出口货物许可证的编号。对于非许可证管理的商品，本栏目免于填报。

（16）运抵国（地区）——填写货物最后运抵的国家或地区的中文名称。

（17）指运港——填写境外最终目的港的中文名称。

（18）境内货源地——填写出口货物在境内的生产地或原始发

货地，其名称以海关公布的国内地区代码表为准。

（19）批准文号——填报"出口收汇核销单"的编号。

（20）成交方式——填写实际成交的价格条款，如 FOB、CFR、CIF 等。

（21）运费——填写整批货物出口实际支付的运费总额（注明外币种类）。

（22）保险费——填写出口人实际支付的保险费总额（注明外币种类）。

（23）杂费——填写实际支付的国内其他费用，即合同核算中的"国内费用"，以人民币填写。

（24）合同协议号——填写贸易合同（协议）的编号。

（25）件数——填写本批次申报出口货物的实际外包装的总件数。

（26）包装种类——填写货物外包装的种类，不同种类应一一列出。

（27）毛重——填写申报出口货物的总毛重，计量单位为千克。

（28）净重——填写申报出口货物的总净重，计量单位为千克。

（29）集装箱号——按"集装箱号/规格/自重"的方式填报，一个集装箱填写一条记录。

（30）随附单据——仅填报除出口许可证以外的监管证件，如出境货物通关单，并加"："后跟其编号。合同、发票、装箱单不在本栏目填报。涉及多个监管证件的，第一个监管证件填报在本栏内，其余的填报在标记唛码及备注栏内。

（31）生产厂家——仅供必要时手工填写，一般留空。

（32）标记唛码及备注——填写货物外包装上的标记唛码及其他说明事项，如果信用证规定有数个运输标记的，应按要求一一列明。

（33）项号——填写这类货物在本报关单中的序号，出口货物将按税则号码归类。

（34）商品编号——商品的税则号码。填写货物的 8 位税则号和第 9、10 位附加编号，以当年的海关进出口税则为准。

（35）商品名称、规格型号——填写货物的中英文名称、规格型号，应与所提供的商业发票相符。

（36）数量及单位——分三行填报。第一行按海关法定计量单位填报。第二行按第二法定计量单位填报，如无，则为空。第三行填报成交计量单位及数量。海关的法定计量单位可在海关税则中查询。

（37）最终目的国（地区）——填写出口货物的最终消费、使用或进一步加工制造的国家（地区）。

（38）单价——填写货物实际成交的单位价格。

（39）总价——填写货物实际成交的总价格。

（40）币制——填写按海关的《币制代码表》确定的实际对外成交的货币符号，如 USD、JPY 等。

（41）征免——按海关规定填写相应的征免方式，如"照章征税"、"全免"等。

（42）税费征收情况——供海关批注税费征收及减免情况。

（43）申报单位——填写对本报关内容的真实性直接向海关负责的单位名称，即单据的填制方。一般应加盖申报单位的报关专用章。

（44）报关员——一般加盖报关员章。

（45）地址、邮编、电话——根据实际情况填写。

（46）填制日期——即填写报关单的日期。

在采用电子报关的情况下，以上栏目的填写还必须根据报关系统的填制规范做一些调整，很多栏目需要加填代码或完全以代码方式填写，如出口口岸、经营单位、运输方式等。

（四）报检单

（1）报检单位（加盖公章）——填写报检单位全称并加盖公章。

（2）编号——由出入境检验检疫机构受理申报后填写报检单编号。

（3）报检单位登记号——填写报检单位在出入境检验检疫局的登记代码。

（4）联系人、电话——填写报检员的姓名和联系电话。

（5）报检日期——填写报检当日的日期。

（6）发货人——填写发票中所列卖方的中英文名称。

（7）收货人——一般填写买方的英文名称即可。

（8）货物名称（中/外文）——填写发票中所列名称及规格，可只写中文统称。

（9）H.S.编码——填写货物在《商品名称及编码协调制度》中所列编码，即 H.S.Code，以当年海关公布的货物税则编码为准。

（10）产地——填写货物生产/加工的省（自治区、直辖市）以及地区（市）名称。

（11）数/重量——填写报验货物的数/重量，重量一般以净重填写，如果填写毛重或"以毛作净"，则要特别注明。

（12）货物总值——填写发票列明的货物总值，需要注明币种。

（13）包装种类及数量——填写该批货物的外包装种类及相对应的件数，如 30 木箱。

（14）运输工具名称号码——填写出口货物运输工具的名称及编号，如船名、航次等。如果尚未确定，则可只填写运输工具，如"船舶"、"飞机"等。

（15）贸易方式——填写诸如"一般贸易"、"三来一补"、"边境贸易"、"其他贸易"等。

（16）货物存放地点——注明具体地点、厂库。

（17）合同号、信用证号——根据对外贸易合同、信用证填写，或填订单、形式发票的号码。

（18）用途——从以下 9 个选项中选择：Ⅰ种用或繁殖、Ⅱ食用、Ⅲ奶用、Ⅳ观赏或演艺、Ⅴ伴侣动物、Ⅵ试验、Ⅶ药用、Ⅷ饲用、Ⅸ其他。

（19）发货日期——填写实际发货的日期。

（20）输往国家（地区）——填写出口货物的最终销售国。

（21）许可证/审批号——需要办理出境许可证或审批的货物应填写有关许可证号或审批号。

（22）启运地——填写货物最后离境的口岸及所在地。

（23）到达口岸——填写货物的入境口岸。

（24）生产单位注册号——填写出入境检验检疫机构签发的卫生注册证书号或加工厂注册号等。

（25）集装箱规格、数量及号码——货物若以集装箱运输，应填写集装箱的规格、数量及号码。例如"1 个海运 20 英尺普通箱"。如果集装箱号码未确定，可不填写。

（26）合同、信用证订立的检验检疫条款或特殊要求——合同、信用证订立的有关检验检疫的特殊条款以及其他要求应填入此栏。

（27）标记及号码——填写货物的标记号码，应与合同、发票等单据保持一致。若没有标记号码则填"N/M"。

（28）随附单据（划"√"或补填）——在报检时随附的单据种类划"√"或补填。

（29）需要证单名称（划"√"或补填）——是否需要检验证书以及需要哪一类检验证书，应根据信用证或买方的要求选择。

（30）检验检疫费——由出入境检验检疫机构计费人员核定费

用后填写。

（31）签名——由持有《报检员证》的报检人员手签。

（32）领取证单——报检人在领取出入境检验检疫机构所发的相关证单时，在此栏填写领证日期及领证人姓名。

注：（2）、（30）项为出入境检验检疫机构填写项目，报检单位无须填写。

上述（16）、（18）、（19）、（21）、（24）、（26）项非报检单位必填项目，报检单位在报检时若不填写，应用"＊＊＊"表示。

第十章　出口商的单据审核

出口商的单据审核是指出口商对已经缮制、备妥的单据对照信用证（在信用证付款方式下）或合同（非信用证付款方式下）的有关内容进行单单、单证的及时检查和核对，发现问题及时更正，达到安全收汇的目的。

一　审核基本方法

（一）审核依据
包括信用证、信用证修改书、出口货物明细单。

（二）审核基本方法

1. 纵向审核法
纵向审核法是指以信用证为基础，对规定的各项单据进行逐一审核，要求所有单据的内容必须严格符合信用证条款的规定，达到"单证相符"。

2. 横向审核法
横向审核法是指在纵向审核的基础上，以商业发票为中心审核其他规定的单据，使有关内容相互一致，力求做到"单单相符"。

二　审核内容

（一）综合审核内容

（1）核查信用证项下的单据是否齐全，包括所需单据的份数。

（2）核查所提供的单据的名称和类型是否符合要求。

（3）单据上显示的信用证号码是否正确。

（4）单据之间货物描述、数量、金额、重量、体积、件数、运输标志等是否一致。

（5）单据出具或提交的日期是否符合信用证的规定。

（二）分类审核内容

1. 汇票

（1）汇票签发日期为议付日期，是否迟于信用证的有效期和交单期。

（2）汇票的付款期限是否符合信用证规定。

（3）汇票的出票人、受款人、受票人是否符合信用证的规定。

（4）汇票金额大小写是否一致。

（5）汇票金额是否超出信用证金额，如果信用证金额前有"大约"一词，可按10%的增减幅度掌握。

（6）汇票金额的货币名称是否与信用证和发票上的货币名称一致。

（7）出票条款是否正确，例如，出票所根据的信用证或合同号码是否正确。

（8）汇票付款人的名称、地址是否正确。

（9）汇票的出票人名称是否与受益人一致。

（10）汇票是否已由出票人签署。

（11）在收款人为出口商（受益人）的情况下，汇票是否已由出口商作空白背书。

（12）汇票份数是否正确。

（13）汇票是否包含信用证要求的其他内容。

2. 商业发票

（1）签发人是否为信用证的受益人（除非信用证另有规定）。

（2）发票抬头是否为开证申请人（除非信用证另有规定）。

（3）是否出现了"形式发票"或"临时发票"的字样。

（4）货物描述是否与信用证中的商品描述完全相符，包括信用证提及的货物细节、价格和条款。

（5）商品数量是否符合信用证规定。

（6）单价和贸易术语是否符合信用证规定。

（7）金额是否超过信用证规定的可使用金额，如果数量和金额均有"大约"，可按 10% 的增减幅度掌握；如果不允许分批装运，发票是否包括信用证要求的整批装运金额。

（8）是否包含信用证要求的其他内容。

（9）是否按照信用证要求进行了签署或手签。

（10）所提交正本、副本的份数是否符合信用证要求。

3. 包装单据

（1）单据的名称和份数是否与信用证的要求相符。

（2）货物的名称、规格、数量及唛头等是否与信用证、发票和提单等单据相符，它们可以相互补充，但不可相互矛盾。

（3）提供的单据份数是否少于信用证规定的份数。

4. 运输单据

（1）运输单据的类型是否符合信用证的规定。

（2）提交正本、副本的份数是否符合信用证要求。

（3）承运人是否符合信用证的规定。

（4）托运人、收货人和被通知人是否符合信用证的规定。

（5）起运地、转运地和目的地是否符合信用证的规定。

（6）货物描述是否与信用证的货物描述一致。

（7）包装件数、唛头是否与其他单据一致。

（8）运费条款（"运费已付"或"运费到付"）是否符合信用证的规定。

（9）是否有表示货物瑕疵等的不良批注。

（10）装船日期/出单日期是否在信用证规定的装运期内。

（11）是否包含了信用证要求的其他内容。

（12）全套正本是否盖妥承运人的印章和签发日期章。

（13）是否根据信用证要求进行背书。

5. 保险单据

（1）保险单据的类型是否符合信用证要求。

（2）签发日期或保险责任生效日期是否不迟于运输单据的签发日期。

（3）投保金额是否符合信用证的要求。

（4）投保险别是否符合信用证的要求，不能有遗漏或偏差。

（5）包装件数和唛头等是否与发票、提单等单据一致。

（6）运输工具以及起运地和目的地是否与信用证以及其他单据一致。

（7）如果转运，保险期限是否包括全程运输。

（8）赔付地点在目的地的支付赔款代理人和支付货币是否符合信用证的要求。

（9）是否包含了信用证要求的其他内容。

（10）如果投保人是出口商（受益人），是否进行了背书，背书形式是否符合信用证的规定（如果信用证未作具体规定，则应作空白背书）。

（11）所提交正本、副本的份数是否符合信用证要求。

6. 产地证

（1）产地证是否由信用证指定的机构出具，信用证若无规定，可以由受益人在内的任何人出具。

（2）产地证是否已被签字、公证人证实、签章。

（3）内容是否符合信用证要求，并与其他单据一致。

（4）载明原产地国家是否符合信用证规定。

（5）产地证日期是否迟于提单日期。

（6）产地证份数是否少于信用证规定的数量。

（7）特殊产地证的格式是否符合进口国的惯例。

7. 检验证书

（1）检验证书是否由信用证指定的检验机构出具。

（2）检验项目及内容是否与信用证的要求相符，检验结论不能为"不符合合同要求"或类似表明货物有瑕疵的叙述。

（3）检验证书中是否有关于货物、规格、品质和包装等的不利的声明，除非信用证授权。

（4）检验日期是否迟于提单（特殊情况除外）日期。

（5）检验证书份数是否少于信用证规定的数量。

三　常见的单据不符点

信用证项下付款是以单证相符为条件的，因此单据的准确程度决定了出口货款能否顺利收回。在实务中，70%～80%的单据在第一次交单时存在不符点。

常见不符点包括以下几种

（1）汇票大、小写金额有误。

（2）汇票付款人的名称和地址有误。

（3）发票的抬头人有误。

（4）有关单据（如汇票、发票、保险单等）的币制名称不一致或不符合信用证的规定。

（5）发票上的货物描述不符合信用证的规定。

（6）多装或少装。

（7）有关单据的类型不符合信用证要求。

（8）单单之间的商品名称、数量、件数、唛头、毛净重等不一致。

（9）应提交的单据提交不全或份数不够。

（10）未按信用证要求对有关单据（如产地证等）进行认证。

（11）漏签字或盖章。

（12）汇票、提单或保险单上未按要求进行背书。

（13）逾期装运。

（14）逾期交单。

四　问题单据的处理方法

通过对有关单据的认真审核，对于有不符点的单据必须进行及时更正，否则，将影响安全收汇。制单人应该在规定的有效期和交单期内，将单据上的不符点全部改妥。

对于有问题的单据可根据具体情况进行处理。

（1）如果有些单据由于种种原因不能按期更改或无法修改，可以向议付银行出具一份保函（通常称为担保书），保函中交单人要求议付银行向开证行寄单，并承诺如果买方不接受单据或不付款，银行有权收回已偿付给交单人的款项。对此银行方面可能会接受，但这种做法并不安全。因为出具保函后，收不到货款的风险依然存在，同时还要承担由此产生的其他费用。通常，交单人向议付银行出具保函，一般先与客户联系，并取得客户接受不符单据的确认文件。

（2）由议付银行向开证行拍发要求接受不符点并予付款的电传（俗称"打不符电"）。有关议付银行在收到开证银行确认接受不符单据的电传后，再寄送有关单据，这样收汇一般有保证。但要求开证行确认需要花费一定的时间，同时还要承担开证行不确认的风险以及有关的电传费用。

（3）托收方式。由于单据中存在不符点，原先信用证项下的银行信用已经变为商业信用，如果客户信用较好且急需有关文件提取货物，为减少中间环节可采用托收方式。

上述各项措施是在有效控制货物所有权的前提下，以积极、稳妥的方式处理不符合有关规定的单据，从而避免货款两空情况的发生。因为只要掌握了代表物权的运输单据，进口方就不能提取货物。如果进口方仍然需要这批货物，那么它就会接受有不符点的单据的。

五　实例

（1）已知资料：

卖方：Great Wall Trading Co. Ltd.　　买方：TTC Corp.

合同号：GWT0503X　　　　　　　成交价格：CIF TOKYO

信用证规定的交货期：不迟于 2009 年 5 月 30 日

信用证有效期：2009 年 6 月 15 日

各单据的签发日期见表 10 - 1。

表 10 - 1　各单据的签发日期

单据名称	签发日期
出口货物许可证	2009 年 5 月 30 日
商业发票	2009 年 5 月 31 日
装箱单	2009 年 5 月 23 日
商业汇票	2009 年 5 月 23 日
原产地证明	2009 年 5 月 31 日
出口商检证书	2009 年 5 月 31 日
出口货物保险单	2009 年 6 月 1 日
直达海运提单	2009 年 5 月 31 日
出口货物报关单	2009 年 5 月 31 日
装船通知	2009 年 5 月 31 日

根据已知资料和惯例，更正你认为错误的单据签发日期。

有关单据的签发日期修改见表 10 - 2。

表 10 - 2 各单据的签发日期

单据名称	签发日期
出口货物许可证	2009 年 5 月 25 日
商业发票	2009 年 5 月 26 日
装箱单	2009 年 5 月 26 日
商业汇票	2009 年 6 月 4 日
原产地证明	2009 年 5 月 28 日
出口商检证书	2009 年 5 月 28 书
出口货物保险单	2009 年 5 月 29 日
直达海运提单	2009 年 5 月 30 日
出口货物报关单	2009 年 5 月 29 日
装船通知	2009 年 5 月 30 日

（2）已知资料（见表 10 - 3）：

表 10 - 3 不同托收方式的相关日期

托收方式	首次提示日	承兑日	付款日	交单日
D/P at sight	5 月 8 日	5 月 9 日	5 月 10 日	5 月 10 日
D/P at 30days after sight	5 月 8 日	6 月 6 日	6 月 6 日	6 月 6 日
D/A at 30days after sight	5 月 8 日	6 月 7 日	6 月 7 日	6 月 7 日

根据首次提示日，更正你认为错误的承兑日、付款日和交单日。

有关日期修改见表 10 - 4。

10 - 4 不同托收方式的相关日期

托收方式	首次提示日	承兑日	付款日	交单日
D/P at sight	5 月 8 日	—	5 月 8 日	5 月 8 日
D/P at 30days after sight	5 月 8 日	5 月 8 日	6 月 7 日	6 月 7 日
D/A at 30days after sight	5 月 8 日	5 月 8 日	6 月 7 日	5 月 8 日

第十一章　流程实验案例

　　国际贸易流程实验共有 9 个实验，15 个具体操作，即建立业务关系操作，进入实习公司，并撰写建交函；报价核算操作，收到客户询盘后进行报价核算；发盘操作，撰写发盘函；还价核算操作，收到客户还盘后进行还价核算；还盘操作，撰写还盘函；成交核算操作，收到客户接受函后进行成交核算；签约操作，按照交易磋商的情况签订合同；审证操作，收到信用证后进行审证，写出审核意见；改证操作，撰写改证函；订舱操作，收到信用证修改书后向船公司订舱，制作订舱文件；报关操作，收到船公司的配舱回单后向海关报关，制作报关单；投保操作，向保险公司投保，发出装船通知；议付操作，制作结汇单据向议付行议付；业务善后操作，收到开证行反馈信息后进行业务善后；进口审核单据操作，审核另一笔进口业务的信用证单据。下面以轻宇贸易公司和 MAOHAO 公司的一笔玩具交易为例，说明国际贸易流程实验的具体实验操作内容。

操作一 建立业务关系操作

一 操作内容

学生进入实习公司，练习撰写建交函。建交函电的撰写方法可以参照《国际商务函电》课程中所学习的内容，也可以通过阅读本实验教程中的相关章节和复习教学课件中的相关内容，以及研读网络试题库中的函电示例。操作提示及业务反馈可以查看实验用软件学员平台的相关栏目。

二 操作要求

轻宇贸易公司成立于 1960 年，主营玩具和工艺品。由于该公司的产品质量高且价格优惠，因此在世界各地的客户中享有较高声誉。2008 年 2 月，轻宇贸易公司从某商务网站得知美国的 MAO-HAO TRADING CO. LTD. 欲求购中国产的玩具。

出口商北京轻宇贸易有限公司的联系方式如下：

BEIJING TSINGYU TRADING COMPANY LIMITED

Address：NO. 1666 ANLI ROAD BEIJING, CHINA

Tel：0086 - 010 - 67773326

Fax：0086 - 010 - 62366236

进口商公司的详细联系方式如下：

MAOHAO TRADING CO. LTD.

1890 CHURCH ROAD NEWYORK,

PA 16553 U. S. A.

FAX：215 - 365 - 8471

请参照上述基本情况，给对方发一封建立业务关系的电子邮件（建交函电），要求格式完整、正确，内容包括公司基本情况介绍、产品介绍，并表达想与对方建交的热切愿望等。

三　参考答案

北京轻宇贸易有限公司

BEIJING TSINGYU TRADING COMPANY LIMITED

Address: NO. 1666 ANLI ROAD BEIJING, CHINA

Tel: 0086 – 010 – 67773326

Fax: 0086 – 010 – 62366236

April 7, 2008

MAOHAO TRADING CO. LTD.

1890 CHURCH ROAD

NEWYORK, U. S. A.

Dear Sir or Madam,

We learned your information from the Internet, and pleased to know your interest in our products. Please send us your specific inquiry for our products if you would like to establish a friendship to cooperate with us.

Our company was established in 1960 and we are specializing in toys and handcrafts. We are one of the largest trading companies in China. Our products are of high quality and good design with very good reputation. In our many years trade experience, we have provided our customers with our high-quality goods and competitive prices. We have many products entering your market.

We enclosed the catalogues for your reference, and believe that we will have a brilliant future if we cooperate with each other.

We shall be much obliged if you can give us any information at an early date.

Yours sincerely,
Henry Xu
Sales Manager

操作二 报价核算操作

一 操作内容

收到客户询盘后进行报价核算。报价核算方法可以学习系列教学课件中相关内容或阅读本实验教程中的相关章节，以及网络试题库中的报价核算示例。操作提示及业务反馈可以查看实验用软件学员平台的相关栏目。

二 操作要求

商品为毛绒玩具小熊，有白色、黄色和棕色三种颜色，货号为 A111、B111、C111。起订量为每货号 1 个 20 英尺集装箱。包装为每纸箱装四只小熊，纸箱毛重/净重为 35/30 千克，尺码为 50×50×40 厘米。出口退税率为 10%。每只小熊采购成本为 50 元人民币（含 17% 增值税）。国内费用包括出口包装费每纸箱 5 元和每个 20 英尺集装箱的费用，即仓储费 300 元，国内运杂费 900 元，商检费 300 元，报关费 60 元，港口费 800 元，业务费 1000 元。按发票金额加 10% 投保一切险及战争险，费率分别为 0.5% 和 0.2%。

　　通过出口运费查询货物等级表及海洋运价表得知，每个 20 英尺集装箱从青岛港到纽约港的海运包箱费为 2000 美元。公司要求预期利润为报价的 10%，即期信用证付款。

　　对方在询盘函中要求佣金为 5%，请以美元为报价单位进行出口报价核算。美元与人民币汇率按 6.55 计算。列出详尽的计算过程，计算时请保留 4 位小数，计算结果保留 2 位小数。

三　询盘函

MAOHAO TRADING CO. LTD. ,

1890 CHURCH ROAD NEWYORK,

PA 16553 U. S. A.

FAX: 215 - 365 - 8471

April 11, 2008

SALES MANAGER

BEIJING TSINGYU TRADING COMPANY LIMITED

NO. 1666 ANLI ROAD BEIJING, CHINA

Dear Mr. Xu,

Thank you for your catalogue and your letter dated April 7, 2008.

After study the catalogue, we're interests in Art. A111, B111, C111.

Please quote us your competitive price and let us know the main terms of contract based on FOBC5 QINGDAO, CFRC5 NEWYORK & CIFC5 NEWYORK.

Your early reply is awaited with much interest.

Yours sincerely,

Bill Wick

Manager

四   参考答案

货号：A111

（1）实际成本 = 采购成本 − 出口退税收入 = $50 - 50 \times 10\% / (1 + 17\%) = 45.7265$（元/条）

（2）20 英尺集装箱装货量：

$$25/(0.5 \times 0.5 \times 0.4) = 250（箱）$$

$$17.5/0.035 = 500（箱）$$

每个 20 英尺集装箱装可以装 250（箱）

报价数量：$250 \times 4 = 1000$（只）

（3）国内费用：$(5 \times 250 + 300 + 900 + 300 + 60 + 800 + 1000)/1000 = 4.6100$（元/只）

（4）出口运费 = $(2000 \times 6.55)/1000 = 13.1000$（元/只）

（5）出口报价：

FOBC5 = （实际成本 + 国内费用）/（1 − 佣金率 − 预期利润率）

= $[(45.7265 + 4.6100)/(1 - 5\% - 10\%)]/6.55$

= 9.04（美元/只）

CFRC5 = （实际成本 + 国内费用 + 出口运费）/（1 − 佣金率 − 预期利润率）

= $[(45.7265 + 4.6100 + 13.1000)/(1 - 5\% - 10\%)]/6.55$

= 11.39（美元/只）

CIFC5 = （实际成本 + 国内费用 + 出口运费）/[1 − 佣金率 −

预期利润率 − （1 + 加成率）× 保费率]

= $\{(45.7265 + 4.6100 + 13.1000)/[1 - 5\% - 10\% -$

$$110\% \times (0.5\% + 0.2\%)]|/6.55$$

$$= 11.50(美元/只)$$

B111、C111 与 A111 报价相同，过程略。

操作三　发盘操作

一　操作内容

撰写发盘函。发盘函的撰写方法可以学习系列教学课件中相关内容或阅读本实验教程中的相关章节，以及网络试题库中的函电示例。操作提示及业务反馈可以查看实验用软件学员平台的相关栏目。

二　操作要求

请根据客户来函要求，写一封发盘信函电，告知对方基本交易条件。发盘有效期为 10 天。

交易的基本条件：保险按发票金额加成 10% 投保一切险及战争险；支付方式为即期信用证；装运期为六月底前装运。

三　参考答案

北京轻宇贸易有限公司

BEIJING TSINGYU TRADING COMPANY LIMITED

Address：NO. 1666 ANLI ROAD BEIJING，CHINA

Tel：0086 - 010 - 67773326

Fax：0086 - 010 - 62366236

April 19，2008

MAOHAO TRADING CO. LTD.

1890 CHURCH ROAD

NEWYORK, U. S. A.

Dear Mr. Wick,

I am very pleased to receive your inquiry dated April 11. We are confi-
dent that you will be satisfied with the high quality of our products. All
kinds of patterns are very beautiful and fashionable. We quote you as
follows,

Art. No.	Color	Mea. (cm)	G. W. (kg)	N. W. (kg)	Unit Price (USD/PC.)		
					FOBC3	CFRC3	CIFC3
A111	white	50 × 50 × 40	35	30	9. 04	11. 39	11. 50
B111	yellow	50 × 50 × 40	35	30	9. 04	11. 39	11. 50
C111	brown	50 × 50 × 40	35	30	9. 04	11. 39	11. 50

Terms of Packing: 4PC in one carton and then in 20'container.

Terms of Shipment: before the end of June.

Terms of Payment: L/C payable by draft at sight.

Terms of Insurance: for 110% of the invoice value, against All Risks &
War Risk as per P. I. C. C. dated 01/01/1981.

Our quotation remains valid for ten days.

We are looking forward to your favorable news.

Yours sincerely,

Henry Xu

Sales Manager

操作四　还价核算操作

一　操作内容

收到客户还盘后进行还价核算。还价核算方法可以学习系列教学课件中相关内容或阅读本实验教程中的相关章节，以及网络试题库中的还价核算示例。操作提示及业务反馈可以查看实验用软件学员平台的相关栏目。

二　操作要求

如果接受对方的还价，在其他条件不变的情况下，请计算：

（1）三种商品的总利润额分别为多少？

（2）若按对方还价，又想保持原定 10% 的利润率，国内采购价格分别为每只多少元人民币？

（3）再次报价：其他条件不变，按照 7% 的利润率重新报价。

三　还盘函

MAOHAO TRADING CO. LTD.

1890 CHURCH ROAD NEWYORK

PA 16553 U. S. A.

FAX：215 - 365 - 8471

April 25，2008

SALES MANAGER

BEIJING TSINGYU TRADING COMPANY LIMITED

NO. 1666 ANLI ROAD BEIJING, CHINA

Dear Mr. Xu,

Thank you for your quotation of April 19, 2008.

We like your products for their attractive designs and high quality, but we found that your prices appear to be on the high side. Other suppliers in your country quoted us more attractive prices.

We suggest you give us a discount of 10% on CIFC5 basis USD10. 35/ PC. Furthermore, we accept terms of payment by D/A at 30days' sight, which is our usual practice.

Your favorable reply is awaited.

Yours sincerely,

Bill Wick

Manager

四 参考答案

对方的还价：CIFC5：USD10. 35/PC

（1）商品 A111 的总利润额：

$$10.35 \times 6.55 \times 1000 - 45.7265 \times 1000 - 4061 \times 1000 - 2000 \times 6.55 - 10.35 \times 6.55 \times 1000 \times 110\% \times (0.5\% + 0.2\%) - 10.35 \times 6.55 \times 1000 \times 5\%$$

$$= 67792.5 - 45726.5 - 4610 - 13100 - 522.0023 - 3389.625$$

$$= 444.37(元)$$

B111、C111 的总利润额与 A111 相同，过程略。

（2）采购成本核算

A111 实际成本：

$$CIFC5 \times 6.55 = \frac{实际成本 + 国内费用 + 出口运费}{1 - 佣金率 - 利润率 - 投保加成 \times 保险费率}$$

实际成本 $= 10.35 \times 6.55 - 10.35 \times 6.55 \times (5\% + 10\% +$

$110\% \times 0.7\%) - 4.61 - 13.1$

$= 39.3916（元/只）$

采购成本 $=$ 实际成本 $\times (1 + 17\%)/(1 + 17\% - 10\%)$

$= 39.3916 \times 1.17/1.07$

$= 43.0731（元/只）$

B111、C111 的采购成本与 A111 相同，过程略。

（3）再次报价

A111 报价：

$FOBC5 = （实际成本 + 国内费用)/(1 - 佣金率 - 预期利润率）$

$= [(45.7265 + 4.6100)/(1 - 5\% - 7\%)]/6.55$

$= 8.73（美元/只）$

$$CFRC5 = \frac{实际成本 + 国内费用 + 出口运费}{1 - 佣金率 - 预期利润率}$$

$= [(45.7265 + 4.6100 + 13.1000)/(1 - 5\% - 7\%)]/6.55$

$= 11.01（美元/只）$

$$CIFC5 = \frac{实际成本 + 国内费用 + 出口运费}{1 - 佣金率 - 预期利润率 - (1 + 加成率) \times 保费率}$$

$$= \frac{\dfrac{45.7265 + 4.6100 + 13.1000}{1 - 5\% - 7\% - 110\% \times (0.5\% + 0.2\%)}}{6.55}$$

$= 11.10（美元/只）$

B111、C111 的再次报价与 A111 相同，过程略。

操作五　还盘操作

一　操作内容

撰写还盘函。还盘函的撰写方法可以学习系列教学课件中相关内容或阅读本实验教程中的相关章节，以及网络试题库中的还盘函示例。操作提示及业务反馈可以查看实验用软件学员平台的相关栏目。

二　操作要求

告之对方我方的产品质量好，设计新颖，原材料价格上涨，同意给予对方一定的价格减让，但由于初次交易，坚持 L/C 结算，希望对方慎重考虑，新报价 5 天有效，敦促对方尽快确认。

三　参考答案

北京轻宇贸易有限公司

BEIJING TSINGYU TRADING COMPANY LIMITED

Address：NO. 1666 ANLI ROAD BEIJING, CHINA

Tel：0086 – 010 – 67773326

Fax：0086 – 010 – 62366236

May 1, 2008

MAOHAO TRADING CO. LTD.

1890 CHURCH ROAD

NEWYORK, U. S. A.

Dear Mr. Wick,

Thank you for your reply dated April 25. I am afraid that you shall take our excellent quality and fashionable designs into your consideration and I have to point out that we quoted you competitive prices compared with other suppliers.

In view of the good quality and the rising prices of raw materials, I really think it is difficult to make any reduction. However, as we are anxious to develop your market, we quote again as follows, CIFC5 NEWYORK USD11. 10/PC.

As to terms of payment, we only accept L/C because this is the first transaction between us.

This offer is valid only for 5days. We sincerely hope that you will agree with us.

Yours sincerely,
Henry Xu
Sales Manager

操作六　成交核算操作

一　操作内容

收到客户接受函后进行成交核算。成交核算的方法可以学习系列教学课件中相关内容或阅读本实验教程中的相关章节, 以及网络试题库中的成交核算示例。操作提示及业务反馈可以查看实验用软件学员平台的相关栏目。

二　操作要求

请根据与国外客户最终达成的交易条件，作出详细的出口合同核算，包括：购货总成本、总退税收入、实际采购成本、费用细目及总额（即国内费用、海洋运费、保险费、佣金）、合同利润额及利润率。

三　客户接受函

MAOHAO TRADING CO. LTD.

1890 CHURCH ROAD NEWYORK

PA 16553 U. S. A.

FAX：215 – 365 – 8471

May 6，2008

SALES MANAGER

BEIJING TSINGYU TRADING COMPANY LIMITED

NO. 1666 ANLI ROAD BEIJING，CHINA

Dear Mr. Xu，

Thank you for your letter dated May 1.

We accept your terms as follows，

Art. No	Quantity （pc）	Unit Price （USD）CIFC5 NEWYORK	One Carton			
			Quantity （pc）	G. W. （kg）	N. W. （kg）	Mea. （cm^3）
A111	1000	11. 10	4	35	30	50 × 50 × 40
B111	1000	11. 10	4	35	30	50 × 50 × 40
C111	1000	11. 10	4	35	30	50 × 50 × 40

Terms of Packing：4PC in one carton and then in 20'container.

Terms of Shipment：before the end of June.

Terms of Payment：L/C payable by draft at sight.

Terms of Insurance：for 110% of the invoice value，against All Risks & War Risk as per P. I. C. C. dated 01/01/1981.

Please send us your Sales Confirmation to counter-sign.

Yours sincerely,

Bill Wick

Manager

四 参考答案

成交合同核算

（1）成交价格：

A111：USD11. 10 × 6. 55 = 72. 705（元）

B111：USD11. 10 × 6. 55 = 72. 705（元）

C111：USD11. 10 × 6. 55 = 72. 705（元）

（2）成交金额：11. 10 × 3000 = USD33300 = 218115（元）

（3）购货成本：50 × 3000 = 150000（元）

（4）出口退税收入：150000 × 10%/（1 + 17%）= 12820. 5128（元）

（5）国内费用：（5 × 250 + 300 + 900 + 300 + 60 + 800 + 1000）× 3 = 13830（元）

（6）出口运费：2000 × 6. 55 × 3 = 39300（元）

（7）保险费用：218115 × 110% × 0. 7% = 1679. 4855（元）

（8）客户佣金：218115 × 5% = 10905. 75（元）

（9）成交利润：成交金额 - 购货成本 + 出口退税收入 - 国内费用 - 出口运费 - 保险费用 - 佣金 = 218115 - 150000 + 12820. 5128 -

13830 - 39300 - 1679. 4855 - 10905. 75 = 15220. 2773（元）

（10）成交利润率：15220. 2773/218115 = 6. 98%

操作七　签约操作

一　操作内容

签订合同。签订合同的方法可以学习系列教学课件中相关内容或阅读本实验教程中的相关章节，以及网络试题库中的签订合同示例。操作提示及业务反馈可以查看实验用软件学员平台的相关栏目。

二　操作要求

（1）根据出口合同（SALES CONFORMATION）基本条款的要求和双方在信中确定的条件制作售货确认书，要求条款内容全面、具体。

（2）给国外客户寄出成交签约函，感谢对方的订单，说明随寄售货确认书，催促对方迅速会签合同，并希望信用证在五月底前开到（空白合同可在 TMT 信息查询系统中下载）。

三　参考答案

（1）SALES CONFIRMATION 详见附录一。

（2）成交签约函：

北京轻宇贸易有限公司

BEIJING TSINGYU TRADING COMPANY LIMITED

Address：NO. 1666 ANLI ROAD BEIJING, CHINA

Tel：0086 - 010 - 67773326

Fax：0086 - 010 - 62366236

May 10, 2008

MAOHAO TRADING CO. LTD.
1890 CHURCH ROAD
NEWYORK, U. S. A.

Dear Mr. Wick,

We are very glad to receive your order dated May 6.

We accept your order and sending you Sales Confirmation No. TY-MH-SC006 in duplicate. Please counter-sign and return one copy for our file.

As the date of shipment is approaching, please instruct your bank to issue the L/C in our favor before the end of May.

Our close co-operation will surely develop a good relationship between us.

Yours sincerely,
Henry Xu
Sales Manager

操作八　审证操作

一　操作内容

收到信用证后审证，写出审核意见。审证的方法可以学习系列教学课件中相关内容或阅读本实验教程中的相关章节，以及网络试题库中的审证示例。操作提示及业务反馈可以查看实验用软件学员平台的相关栏目。

二、操作要求

对收到的信用证进行认真、细致的审核，列明信用证存在的问题并陈述要求改证的理由。

三　信用证（L/C）

FROM：ACB BANK NEW YORK

TO ：BANK OF CHINA BEIJING BRANCH

　　60 ZENGGUANG ROAD BEIJING,

　　PEOPLE'S REPUBLIC OF CHINA

DATE OF ISSUE：26 – May – 08

PLEASE ADVICE BENEFICIARY OF THE FOLLOWING REVOCABLE LETTER OF CREDIT ISSUED BY US IN FAVOR OF THE BENEFICI-ARY SUBJECT TO UCP 600

DOCUMENTARY CREDIT NUMBER：TY-MHLC01

FORM OF DOC. CREDIT：REVOCABLE

DATE AND PLACE OF EXPIRY：JUNE 10，2008，IN U. S. A.

APPLICANT：MAOHAO TRADING CO. LTD. 1890 CHURCH ROAD

NEW YORK, PA 16553 U. S. A.

BENEFICIARY: BEIJING TSIINGYU TRADING CO. LTD NO. 1660 ANLI ROAD BEIJING, CHINA

AMOUNT: USD 333, 300

SAY UNITED STATES DOLLARS THREE HUNDRED AND THIRTY THREE THOUSAND THREE HUNDRED ONLY.

AVAILABLE WITH: ANY BANK

BY: NEGOTIATION OF BENEFICIARY'S DRAFT (S) AT 60 DAYS' SIGHT OF FULL INVOICE VALUE DRAWN ON ACB BANK, NEW YORK, ACCOMPANIED BY THE DOCUMENTS INDICATED HEREIN.

COVERING COMMODITY: PLUSH TOY

ART. NO.	QUANTITY
A111	3000 PIECES
F111	3000 PIECES
C111	3000 PIECES

PRICE TERM: CIFC3 NEW YORK

SHIPPING MARK: TY-MHSC006/MAOHAO TRADING/NEWYORK/ NO. 1 – UP

DOCUMENTS REQUIRED

—ORIGINAL SIGNED COMMERCIAL INVOICE IN 3 FOLD INDICAT-
  ING TOTAL VALUE IN US DOLLARS AND S/C NO.

—PACKING LIST IN 3 FOLD INDICATING GROSS WEIGHT, NET
  WEIGHT AND MEASUREMENT OF EACH PACKAGE.

—CERTIFICATE OF ORIGIN IN ONE FOLD ORIGINAL ISSUED BY
  BEIJING ENTRY-EXIT INSPECTION AND QUARANTINE BU-

REAU.

—INSURANCE POLICY IN 3 FOLD ENDORSED IN BLANK FOR THE INVOICE VALUE PLUS 120% COVERING F. P. A. AND WAR RISK SUBJECT TO OCEAN MARINE CARGO CLAUSES OF ICC DATED 1/1/1982. INSURANCE CLAIMS TO BE PAYABLE IN NEWYORK IN THE CURRENCY OF THE DRAFT.

—3/3 SET ORIGINAL AND ONE COPY OF CLEAN ON BOARD O-CEAN BILLS OF LADING MADE OUT TO ORDER OF SHIPPER AND BLANK ENDORSED MARKED FREIGHT PREPAID AND L/C NO. AND NOTIFY APPLICANT （WITH FULL NAME AND AD-DRESS）.

—INSPECTION CERTIFICATE IN 2 FOLD ISSUED BY AQSIQ.

PARTIAL SHIPMENTS：　　PROHIBITTED
TRANSSHIPMENTS：　　 PROHIBITTED
SHIPMENT FROM：　　 DALIAN, CHINA　　TO：NEW YORK
NOT LATER THAN：　　 MAY 10, 2008

DOCUMENTS MUST BE PRESENTED WITHIN 15 DAYS AFTER SHIPMENT, BUT WITHIN VALIDITY OF THE CREDIT.

INSTRUCTIONS TO THE NEGOTIATING BANK
NEGOTIATING BANK IS TO FORWARD ALL DOCUMENTS IN ONE AIRMAIL TO ACB BANK NEW YORK, 55 WATER STREET, ROOM 1702, NEW YORK, NEW YORK 10041 U. S. A. ATTN：LETTER OF CREDIT DEPARTMENT

END OF MESSAGE

四　参考答案

信用证存在如下问题。

（1）L/C 种类应为不可撤销 L/C。

（2）L/C 美国到期，应为中国到期，L/C 有效期为 7 月 15 日。

（3）受益人地址应为 NO. 1666。

（4）L/C 总金额应为 33，300 美元。

（5）汇票期限应为即期。

（6）货号 F111 应为 B111，每个货号的数量应为 1000 件。

（7）贸易术语应为 CIFC5。

（8）最迟装运期应为 6 月 30 日。

（9）装运港应为青岛港。

（10）应允许分批装运和转船。

（11）投保加成应为 10%，险别应为一切险，保险条款应为
P. I. C. C. 1/1/1981。

操作九　改证操作

一　操作内容

撰写改证函。改证函的撰写方法可以学习系列教学课件中相关
内容或阅读本实验教程中的相关章节，以及网络试题库中的改证函
示例。操作提示及业务反馈可以查看实验用软件学员平台的相关
栏目。

二　操作要求

根据审证结果撰写改证函，要求列明所有的不符点，并说明

如何进行修改。

三 参考答案

北京轻宇贸易有限公司

BEIJING TSINGYU TRADING COMPANY LIMITED

Address: NO. 1666 ANLI ROAD BEIJING, CHINA

Tel: 0086 – 010 – 67773326

Fax: 0086 – 010 – 62366236

June 5, 2008

MAOHAO TRADING CO. LTD.

1890 CHURCH ROAD

NEWYORK, U.S.A.

Dear Mr. Wick,

Thank you for your L/C No. TY-MHLC01.

However, when we checked the L/C with the sale of confirmation, we found the following discrepancies.

1. The form of L/C is irrevocable instead of revocable.
2. The negotiation place shall be in China instead of America, and the valid shall be July 15th.
3. The address of beneficiary shall be No. 1666 instead of No. 1660.
4. The amount of L/C shall be 33, 300 instead of 333, 300.
5. The draft should be at sight not 30 days after sight.

6. ART. NO. F111 shall be B111, and the quantity of each ART. NO. shall be 1000 instead of 3000.

7. The price term shall be CIFC5 instead of CIFC3.

8. Latest date of shipment shall be June 30th instead of May 10th.

9. The port of shipment shall be QINGDAO instead of DALIAN.

10. Partial shipments and transshipments shall be allowed.

11. The insurance value should be full invoice value plus 10% not plus 120%, it shall be subject to P. C. I. C. dated 1/1/1981 not I. C. C. dated 1/1/1982, and the insurance shall be ALL RISKS instead of FPA.

Please ask your banker to amend the L/C accordingly, and please see to it that the L/C amendment should reach us before June 15, 2008.

Your full cooperation is appreciated.

Yours sincerely,

Henry Xu

Sales Manager

操作十　订舱操作

一　操作内容

收到信用证修改书后向船公司订舱，制作订舱文件。订舱操作方法可以学习系列教学课件中相关内容或阅读本实验教程中的相关章节，以及网络试题库中的订舱文件示例。操作提示及业务反馈可以查看实验用软件学员平台的相关栏目。

二　操作要求

2008 年 6 月 10 日收到信用证修改通知后，对 L/C 按照要求进行了修改。出口商开始安排货物的装运事宜，首先向船公司订舱，需要填写的订舱文件包括出口货物订舱委托书、商业发票、装箱单（空白单据可以从 TMT 系统中下载）。

出口商编号：TSINGYU06

出口商开户银行：中国银行北京分行

出口商银行账号：TSINGYUCB0111

商业发票号码：TY-MHINV06

商业发票日期：2008 年 6 月 11 日

出口货物订舱委托书日期：2008 年 6 月 11 日

三　L/C 修改通知

（一）进口商改证函电

MAOHAO TRADING CO. LTD.

1890 CHURCH ROAD NEWYORK,

PA 16553 U. S. A.

FAX：215 – 365 – 8471

June 9, 2008

SALES MANAGER

BEIJING TSINGYU TRADING COMPANY LIMITED

NO. 1666 ANLI ROAD BEIJING, CHINA

Dear Mr. Xu,

Thank you for your fax dated June 5 for the amendment of the L/C No. TY-MHLC01.

We have instructed the opening bank to make the necessary amendments to the L/C. On receipt of the amendment advice, please arrange shipment of the goods in time.

Best wishes,

Yours sincerely,

Bill Wick

Manager

（二）　中国银行北京分行改证通知

Dear Sirs,

At the request of the issuing bank （ACB BANK NEW YORK） and without any responsibility on our part, we enclose herewith the following.

（√） An authenticated airmail advice of amendment No. TY-MHLC01 dated April 12, 2008 to the above credit.

Please kindly note that the said L/C is amended as follows.

1. The form of L/C is irrevocable.

2. The negotiation place is in China, and the valid is July 15th.

3. The address of beneficiary is No. 1666.

4. The amount of L/C is 33, 300.

5. The draft is at sight.

6. ART. NO. F111 is B111, and the quantity of each ART. NO.

is 1000.

7. The price term is CIFC5.

8. Latest date of shipment is June 30th.

9. The port of shipment is QINGDAO.

10. Partial shipment and transshipment is allowed.

11. The insurance value is full invoice value plus 10%, it is subject to P. C. I. C. dated 1/1/1981, and the insurance is ALL RISKS.

All other terms and conditions remain unchanged.

The above mentioned documentary credit is subject to the Uniform Customs and Practice for Documentary Credits (2007 Revision, International Chamber of Commerce. Publication No. 600)

Yours faithfully,

CHINA BANK BEIJING BRANCH

四 参考答案

出口货物订舱委托书、商业发票、装箱单详见附录二。

操作十一 报关操作

一 操作内容

收到船公司配舱回单后向海关报关,制作报关单。报关操作方法可以学习系列教学课件中相关内容或阅读本实验教程中的相关章节,以及网络试题库中的报关文件示例。操作提示及业务反馈可以查看实验用软件学员平台的相关栏目。

二　操作要求

轻宇公司业务员在收到船公司的配舱回单后向海关办理出口货物申报手续。需要准备的报关文件主要包括出口货物报关单、商业发票和装箱单（空白单据可从 TMT 系统中下载）。

三　配舱回单

海运集装箱货物出口单见表 11 - 1。

表 11 - 1　海运集装箱货物出口

Shipper（发货人） BEIJING TSINGYU TRADING COMPANY LIMITED BEIJING, CHINA				D/R No.　（编号） LS-BRTBL07 配舱回单	
Consignee（收货人） TO ORDER OF SHIPPER					
Notify Party（通知人） MAOHAO TRADING CO. LTD. 1890 CHURCH ROAD NEWYORK, PA 16553 U. S. A.					
Pre-carriage by （前程运输）		Place of Receipt （收货地点） QINGDAO CY			
Vessel （船名） CHUN FENG	Voy. No. （航次） V. 608	Port of Loading （装货港） QINGDAO			
Port of Discharge （卸货港） NEWYORK		Place of Delivery （交货地点） NEWYORK CY		Final Destination for the Merchant's Reference（目的地）	
Container No. （集装箱号）	Marks & Nos. （标志与 号码）	Nos. & Kinds of Packages （包装件数与 种类）	Description of Goods （货名）	Gross Weight（kg） 毛重（公斤）	Measurements （M³）尺码 （立方米）

续表 11 −1

	TY-MHSC006		PLUSH TOY		
TSA01	MAOHAO TRADING	250CTNS	ART. NO. A111	8750	25
TSB02	NEWYORK	250CTNS	ART. NO. B111	8750	25
TSC03	NO. 1 − 750	250CTNS	ART. NO. C111	8750	25
			TOTAL	26250	75

Total Number of Containers or Packages in Word) 集装箱数或件数 合计（大写）	SAY SEVEN HUNDRED AND FIFTY CARTONS ONLY			
Freight & Charges （运费与附加费） TOTAL USD 6000	Revenue Tons （运费吨）	Rate （运费率） USD 2000	Prepaid （运费预付）	Collect （到付）

Ex. Rate （兑换率）	Prepaid at（预付地点） QINGDAO	Payable at （到付地点）	Place of Issue（签发地点）
	Total Prepaid（预付总额） USD6000	No. of Original B（s）/L（正本提单份数） THREE	

Service Type on Receiving CY	Service Type on Delivery CY	提单签发
可否转船 YES	可否分批 YES	
装期 30 − June − 08	效期 15 − July − 08	塞尚
金额 USD33300. 00		
制单日期 10 − June − 01		COSCO QINDAO SHIPPING CO. LTD.

四　参考答案

出口货物报关单、商业发票和装箱单详见附录三。

操作十二　投保操作

一　操作内容

出口商向保险公司投保，发出装船通知。投保操作方法可以学习系列教学课件中相关内容或阅读本实验教程中的相关章节，以及网络试题库中的投保文件示例。操作提示及业务反馈可以查看实验用软件学员平台的相关栏目。

二　操作要求

1. 填写出口货物投保单

出口商为本合同的出口货物订妥舱位（收到配舱回单）后，在向海关申报出口的同时，应向保险公司办理投保手续，并填写出口货物投保单（空白单据可从 TMT 系统中下载）。

2. 撰写装船通知函电

出口货物在海关验讫放行（即收到盖有海关验讫放行章的装货单）后，就可以办理货物的装运手续。同时，出口商应向进口商发出货物装运通知函电。装运通知的内容主要包括合同号码、货物名称、货物金额、货物数量和包装件数、承运船名、运输航次及提单号码。同时还应注意，如果信用证中对装船通知有特殊规定，则应根据信用证规定的时间和内容及时发出。

三 配舱回单

配舱回单见表 11 - 2。

表 11 - 2 海运集装箱货物出口

Shipper（发货人） BEIJING TSINGYU TRADING COMPANY LIMITED BEIJING, CHINA					
Consignee（收货人） TO ORDER OF SHIPPER			D/R No.（编号） LS-BRTBL07		
Notify Party（通知人） MAOHAO TRADING CO. LTD. 1890 CHURCH ROAD NEWYORK, PA 16553 U. S. A.			装货单		
Pre-carriage by （前程运输）		Place of Receipt （收货地点） QINGDAO CY			
Vessel （船名） CHUN FENG	Voy. No. （航次） V. 608	Port of Loading （装货港） QINGDAOI			
Port of Discharge （卸货港） NEWYORK		Place of Delivery （交货地点） NEWYORK CY		Final Destination for the Merchant's Reference （目的地）	
Container No. （集装箱号）	Marks & Nos. （标志与号码）	Nos. & Kinds of Packages （包装件数与种类）	Description of Goods （货名）	Gross Weight（kg） 毛重（公斤）	Measurements（M³）尺码 （立方米）
TSA01 TSB02 TSC03	TY-MHSC006 MAOHAO TRADING NEWYORK NO. 1 - 750	250 CTNS 250 CTNS 250 CTNS	PLUSH TOY ART. NO. A111 ART. NO. B111 ART. NOC111	8750 8750 8750	25 25 25
				TOTAL: 26250	75

TSA01 TSB02 TSC03	TY-MHSC006 MAOHAO TRADING NEWYORK NO. 1 – 750	OUR AGENT AT THE PORT OF NEWYORK COSOC-MIDSON SHIPPING INC. NEWYORK BRANCH 335 DEAREL STREET NEWYORK	实际装船日 （On board date)	15 – June – 08

Total Number of Containers or Packages（in Words） 集装箱数或件数 合计（大写）	SAY SEVEN HUNDRED AND FIFTY CARTONS ONLY TOTAL THREE TWENTY FEET CONTAINERS ONLY			
Freight & Charges （运费与附加费） TOTAL USD 6000	Revenue Tons （运费吨）	Rate （运费率） USD2000	Prepaid （运费预付）	Collect （到付）

Ex. Rate （兑换率）	Prepaid at（预付地点） QINGDAO		Payable at （到付地点）	Place of Issue（签发地点） BEIJING
	Total Prepaid（预付总额） USD6000. 00		No. of Original B（s）/L（正本提单份数） THREE	

Service Type on Receiving CY	Service Type on Delivery CY	
可否转船 YES	可否分批 YES	
装期 30 – June – 08	效期 15 – July – 088	中华人民共和国北京 海关验讫放行
金额 USD33300. 00		
制单日期 12 – June – 01		

四　参考答案

（一）出口货物投保单详见附录四。

（二）装船通知函电

北京轻宇贸易有限公司

BEIJING TSINGYU TRADING COMPANY LIMITED

Address: NO. 1666 ANLI ROAD BEIJING, CHINA

Tel: 0086 - 010 - 67773326

Fax: 0086 - 010 - 62366236

June 12, 2008

MAOHAO TRADING CO. LTD. ,

1890 CHURCH ROAD

NEWYORK, U. S. A.

Dear Mr. Wick,

We are glad to inform you that the following goods have been shipped on board by s. s. CHUN FENG V. 608 and will sail on June 15 from QING-DAO to NEWYORK which is estimated to reach you at the end of June.

Commodity: plush toy

S/C No. : TY-MHSC006

L/C No. : TY-MHLC01

TOTAL VALUE: USD 33300. 00

B/L NO. : TY-MHBL06

ART. NO. A111	1000PCS	US$11. 10	250 CTNS
ART. NO. B111	1000PCS	US$11. 10	250 CTNS
ART. NO. C111	1000PCS	US$11. 10	250 CTNS

With best wishes!

Yours sincerely,

Henry Xu

Sales Manager

操作十三　议付操作

一　操作内容

制作结汇单据向议付行议付。议付操作方法可以学习系列教学课件中相关内容或阅读本实验教程中的相关章节，以及网络试题库中的议付单据示例。操作提示及业务反馈可以查看实验用软件学员平台的相关栏目。单据缮制方法可以查看本实验教程的第八章、第九章、第十章和第十一章的相关操作案例。

二　操作要求

根据出口单据制作要求及国外银行开具的信用证和修改书中的具体规定，缮制全套出口单据空白单据（空白单据可从训练系统中下载）。

三　承保回执

海运承保回执见表 11 - 3。

表 11 - 3　海运出口货物承保回执

1）保险人		2）被保险人	
中国人民保险公司北京分公司		北京轻宇贸易有限公司	
3）保单号次	TY-MHBD06	4）保单日期	11 JUNE, 2008
5）标记	6）包装及数量	7）保险货物项目	8）保险货物金额

TY-MHSC006 MAOHAO TRADING NEWYORK NO. 1-750	750 CTNS	PLUSH TOY	USD36630.00

9）总保险金额（大写）
SAY US DOLLARS THIRTY SIX THOUSAND SIX HUNDRED AND THIRTY ONLY

10）运输工具	（船名）CHUN FENG	（航次）V. 608

11）装运港	QINGDAO		**12）目的港**	NEWYORK

13）投保险别	**14）保险代理** BMT INSURANCE COMPANY
ALL RISKS AND WAR RISKS AS PER OCEAN MARINE CARGO CLAUSES OF P. I. C. C. DATED 1/1/1981.	PO BOX 16697 NEWYORK, U. S. A FAX：215-393-6656
15）赔付地点 U. S. A . BY USD	
16）应缴保费 256.41（美元）	
	中国人民保险公司北京分公司 PEOPLE'S INSURANCE COMPANY OF CHINA BEIJING BRANCH 严敬 General Manager

四 参考答案

出口议付单据详见附录五。

操作十四 出口业务善后

一 操作内容

出口商收到开证行的反馈函后，需要撰写善后函进行业务善后。善后函的撰写方法可以学习系列教学课件中相关内容或阅读本实验教程中的相关章节，以及网络试题库中的函电示例。操作提示及业务反馈可以查看实验用软件学员平台的相关栏目。

二 操作要求

请根据开证银行的反馈函电，写一封业务善后函给国外客户。

三 开证银行的反馈函

开证银行的反馈函见表 11 - 4。

表 11 - 4 开证银行的反馈函

CHINA BANK BEIJING BRANCH	DATE 20 - JUNE - 2008
BENEFICIARY BEIJING TSINGYU TRADING COMPANY LIMITED NO. 1666 ANLI ROAD BEIJING, CHINA Tel: 0086 - 010 - 67773326 Fax: 0086 - 010 - 62366236	L/C NO. TY-MHLC01
	DATE OF ISSUANCE 26 - May - 2008
ISSUING BANK ACB BANK NEW YORK, U. S. A.	AMOUNT USD33, 300. 00
	OUR REFERENCE NO. CBBR6679351
Dear Sirs, We are glad to advise you that your drafts under L/C NO. TY-MHLC01 had been honored by the opening bank. Yours faithfully, CHINA BANK BEIJING BRANCH	

四 参考答案

北京轻宇贸易有限公司

BEIJING TSINGYU TRADING COMPANY LIMITED

Address: NO. 1666 ANLI ROAD BEIJING, CHINA

Tel: 0086 - 010 - 67773326

Fax: 0086 - 010 - 62366236

MAOHAO TRADING CO. LTD.

1890 CHURCH ROAD

NEWYORK, U. S. A.

June 23, 2008

Dear Mr. Wick,

We are glad to learn from the advising bank that our drafts have been honored by issuing bank.

We appreciate your great efforts in introducing our products into your market.

We are pleased to enclose our latest catalogue for your reference. If you have any further requirement, we will give you the attractive price.

We earnestly hope to establish a long-term mutual benefit business relationship with you in the future.

Yours sincerely,

Henry Xu

Sales Manager

操作十五　进口审核单据

一　操作内容

审核另一笔进口业务的信用证单据。审核单据的方法可以学习系列教学课件中关于审单的相关内容或阅读本实验教程中的相关章节，以及网络试题库中的单据示例。操作提示及业务反馈请查看实验用软件学员平台的相关栏目。

二　操作要求

请对轻宇公司一笔进口衬衫的相关 L/C 和整套单据进行审核，并提出审单意见。

三　进口业务单证

进口业务单证详见附录六。

四　参考答案

1. 单据存在的主要问题

缺少 L/C 一份受益人向进口商传真副本单据的证明。

2. 商业发票的问题

（1）货物描述不完整，缺少"SUN BRAND"。

（2）承运船名不完整，缺少"V. 366"。

（3）B01 金额错误，应为 200000，而非 100000。

（4）总金额错误，应为 300000，而非 200000。

（5）B01 单价错误，应为 200，而非 100。

3. 汇票的问题

（1）总金额错误，应为 300000，而非 200000。

（2）大写金额错误，应为 SAY US DOLLARS THREE HUNDRED THOUSAND ONLY。

（3）受票人错误，应为 CHINA BANK BEIJING BRANCH，而非 CHINA BANK NEWYORK BRANCH。

（4）L/C 号码错误，应为 TY-BNLC01，而非 TY-BNLC10。

（5）收款人错误，应为 CHINA BANK NEWYORK BRANCH，而非 CHINA BANK BEIJING BRANCH。

4. 提单的问题

（1）收货人错误，应为 TO ORDER OF SHIPPER，而非 TO ORDER。

（2）运费条款错误，应为 FREIGHT TO BE COLLECTED，而非 FREIGHT PREPAID。

（3）未注明船公司北京代理的名称和地址。

（4）尺码错误，应为 50 立方米，而非 80 立方米。

（5）货物描述不完整，缺少 SUN BRAND。

5. 商检证书的问题

（1）商品描述不完整，缺少 SUN BRAND。

（2）MARKS 错误，应为 NO. 1 - 500，而非 NO. 1 - 250。

（3）数量错误，应为 2000DZN，而非 3000DZN。

6. 原产地证的问题

（1）货物描述不完整，缺少 SUN BRAND。

（2）包装数量错误，应为 500 CTNS，而非 250 CTNS。

（3）发票号码错误，应为 TY-BNIN01，而非 TY-BNIN10。

7. 装箱单的问题

（1）MARKS 错误，应为 NO. 1 - 500，而非 NO. 1 - 250。

（2）价格术语错误，应为 FOB NEWYORK，而非 CFR NEWYORK。

（3）A01 毛重错误，应为 3000KGS 而非 3500KGS。

（4）总净重错误，应 6000KGS，而非 6500KGS。

（5）未显示每个 CARTON 的毛重和净重。

（6）发票日期与其他单据不符，应为 16 – AUG – 08，而非 18 – AUG – 08。

附　录

附录一 合同

Appendix 1

SALES CONFIRMATION

S/C No. : TY-MHSC006

Date: 10 – May – 08

The Seller: BEIJING TSINGYU TRADING
COMPANY LIMITED

Address: NO. 1666 ANLI ROAD
BEIJING, CHINA

E-Mail: henryxu@ sina. com

FAX: 0086 – 010 – 62366236

The Buyer: MAOHAO TRADING CO. LTD.

Address: 1890 CHURCH ROAD
NEWYORK, U. S. A

E-Mail: Bill Wick@ hotmail. com

FAX: 215 – 365 – 8471

Item No.	Commodity & Specifications	Unit	Quantity	Unit Price (US$)	Amount (US$)
	PLUSH TOY			CIFC5 NEWYORK	
1	ART. NO. A111 WHITE BEAR	PIECE	1000	11. 10	11100. 00
2	ART. NO. B111 YELLOW BEAR	PIECE	1000	11. 10	11100. 00
3	ART. NO. C111 BROWNBEAR	PIECE	1000	11. 10	11100. 00
					33300. 00

TOTAL CONTRACT VALUE: SAY US DOLLARS THIRTY THREE THOUSAND THREE
HUNDRED ONLY.

PACKING: ART. NO. A111 \ B111 \ C111 TO BE PACKED IN CARTONS OF 4 PIECES EACH, TOTAL 750 CARTONS, ALL PRODUCTS THEN IN THREE 20' CONTAINERS

PORT OF LOADING & DESTINATION: FROM QINGDAO, CHINA   TO NEW YORK, AMERICA

TIME OF SHIPMENT: SHIPMENT IN JUNE 2008 AFTER RECEIVING THE IRRELEVANT LETTER OF CREDIT, WITH PARTIAL SHIPMENT TRANSHIPMENT ALLOWED

TERMS OF PAYMENT: THE BUYER SHALL OPEN AN IRREVOCABLE L/C THROUGH A BANK APPROVED BY SELLER BEFORE THE END OF MAY 2008, THE L/C SHALL BE IN FAVOR OF THE SELLER AND AVAILABLE BY DRAFT AT SIGHT FOR FULL INVOICE VALUE AND REMAIN VALID FORNEGOTIATION IN CHINA FOR 15 DAYS AFTER SHIPMENT

INSURANCE: TO BE EFFECTED BY THE SELLER FOR 110% OF TOTAL INVOICE VALUE AGAINST ALL RISKS AND WAR RISK AS PER THE OCEAN MARINE CARGO CLAUSES OF PICC DATED 01/01/1981.

REMARKS: 1. The buyer shall have the covering letter of credit reach the Seller 30 days before shipment, failing which the Seller reserves the right to rescind without further notice, or to regard as still valid whole or any part of this contract not fulfilled by the Buyer, or to lodge a claim for losses thus sustained, if any.

2. In case of any discrepancy in Quality/Quantity, claim should be filed by the Buyer within 130 days after the arrival of the goods at port of destination; while for quantity discrepancy, claim should be filed by the Buyer within 150 days after the arrival of the goods at port of destination.

3. For transactions concluded on C. I. F. basis, it is understood that the insurance amount will be for 110% of the invoice value against the risks specified in the Sales Confirmation. If addition required, the Buyer must have the consent of the Selleronal insurance amount or coverage before Shipment, and the additional premium is to be borne by the Buyer.

4. The Seller shall not hold liable for non-delivery or delay in delivery of the entire lot or a portion of the goods hereunder by reason of natural disasters, war or other causes of Force Majeure, however, the Seller shall notify the Buyer as soon as possible and furnish the Buyer within 15 days by registered airmail with a certificate issued by the China Council for the Promotion of International Trade attesting such event (s).

5. All deputies arising out of the performance of, or relating to this contract, shall be settled through negotiation. In case no settlement can be reached through negotiation, the case shall then be submitted to the China International Economic and Trade Arbitration Commission for arbitration in accordance with its arbitral rules. The arbitration shall take place in Beijing. The arbitral award is

final and binding upon both parties.

6. The Buyer is requested to sign and return one copy of this contract immediately after receipt of the same. Objection, if any, should be raised by the Buyer within 3 working days, otherwise it is understood that the Buyer has accepted the terms and conditions of this contract.

7. Special conditions (These shall prevail over all printed terms in case of any conflict):

Confirmed by:

THE SELLER: **THE BUYER**
MANAGER   MANAGER
(signature)   Henry Xu   (signature)   Bill Wick
BEIJING TSINGYU TRADING COMPANY LIMITED   MAOHAO TRADING CO. LTD.

PACKING LIST

1) SELLER BEIJING TSINGYU TRADING COMPANY LIMITED Address： NO.1666 ANLI ROAD BEIJING, CHINA	3) INVOICE NO. TY-MHINV06	4) INVOICE DATE 11 – Jun – 08
	5) FROM QINGDAO PORT	6) TO NEWYORK PORT
	7) TOTAL PACKAGES（IN WORDS） SAY SEVEN HUNDRED AND FIFTY CARTONS ONLY	
2) BUYER MAOHAO TRADING CO. LTD. Address： 1890 CHURCH ROAD NEWYORK, PA 16553 U. S. A.	8) MARKS & NOS. TY-MHSC006 MAOHAO TRADING NEWYORK NO. 1 – 750	

9) C/NOS.　10) NOS. & KINDS OF PKGS.　11) ITEM　12) QTY.（pcs.）
13) G. W.（kg）　14) N. W.（kg）　15) MEAS（m³）

续表

PLUSH TOY

1 – 250	250CARTONS	A111	1000PCS	8750	7500	25
251 – 500	250CARTONS	B111	1000PCS	8750	7500	25
501 – 750	250CARTONS	C111	1000PCS	8750	7500	25
	TOTAL:		3000PCS	26250	22500	75

16) ISSUED BY BEIJING TSINGYU TRADING COMPANY LIMITED

17) SIGNATURE: Henry Xu

COMMERCIAL INVOICE

1) SELLER BEIJING TSINGYU TRADING COMPANY LIMITED NO. 1666 ANLI ROAD BEIJING, CHINA Tel: 0086 – 010 – 67773326 Fax: 0086 – 010 – 62366236	3) INVOICE NO. TY-MHINV06	4) INVOICE DATE 11 – Jun – 08
	5) L/C NO. TY-MHLC01	6) DATE 26 – May – 08
	7) ISSUED BY ACB BANK NEW YORK, U. S. A	
2) BUYER MAOHAO TRADING CO. LTD. , 1890 CHURCH ROAD NEWYORK, PA 16553 U. S. A. FAX: 215 – 365 – 8471	8) CONTRACT NO. TY-MHSC006	9) DATE 10 – May – 08
	10) FROM QINGDAO PORT	11) TO NEWYORK PORT
	12) SHIPPED BY CHUN FENG V. 608	13) PRICE TERM CIFC5 NEWYORK

14) MARKS	15) DESCRIPTION OF GOODS		16) QTY.	17) UNIT PRICE
18) AMOUNT				
TY-MHSC006	PLUSH TOY			CIFC5 NEWYORK
MAOHAO TRADING	A111	1000PCS	11. 10	US$11, 100. 00
NEWYORK	B111	1000PCS	11. 10	US$11, 100. 00
NO. 1 – 750	C111	1000PCS	11. 10	US$11, 100. 00

TOTAL CONTRACT VALUE: SAY US DOLLARS THIRTY THREE THOUSAND THREE HUNDRED ONLY

TOTAL GROSS WEIGHT: 26250KGS

TOTAL NUMBER OF PACKAGE: 750CARTONS

19) ISSUED BY BEIJING TSIINGYU TRADING CO. LTD
20) SIGNATURE: Henry Xu

出口货物订舱委托书

公司编号　TSINGYU06　　　　　　　　　　日期：11 - June - 2008

1）发货人 BEIJING TSIINGYU TRADING CO. LTD NO. 1660 ANLI ROAD BEIJING, CHINA	4）信用证号码　TY-MHLC01	
	5）开证银行　　ACB BANK NEW YORK, U. S. A	
	6）合同号码 TY-MHSC006	7）成交金额　US$33300
	8）装运口岸　QINGDAO	9）目的港　　NEW YORK
2）收货人 TO ORDER OF SHIPPER	10）转船运输　NO.	11）分批装运　NO.
	12）信用证效期 15 - Jul - 08	13）装船期限 30 - Jun - 08
	14）运费　PREPAID	15）成交条件 CIFC5 NEWYORK
	16）公司联系人　Henry Xu	17）电话/传真 010 - 67773326
3）通知人 MAOHAO TRADING CO. LTD. 1890 CHURCH ROAD NEW YORK, PA 16553 U. S. A.	18）公司开户行 Bank of China, Beijing Branch	19）银行账号 TSINGYU CB0111
	20）特别要求	

21）标记唛码　22）货号规格　23）包装件数　24）毛重　25）净重　26）数量
27）单价　28）总价

TY-MHSC006			PLUSH TOY			CIFC5 NEWYORK	
	A111	250CTNS	8750KGS	7500KGS	1000PCS	11.10	US$11100.00
MAOHAO TRADING	B111	250CTNS	8750KGS	7500KGS	1000PCS	11.10	US$11100.00
NEWYORK	C111	25NCTNS	8750KGS	7500KGS	1000PCS	11.10	US$11100.00
NO. 1 - 750							

29）总件数	30）总毛重	31）总净重	32）总尺码	33）总金额
750CTNS	26250KGS	22500KGS	75M³	US$33300.00

34）备注

附录三　报关

中华人民共和国海关出口货物报关单

预录入编号：　　　　　　　　　　海关编号：

出口口岸 青岛	备案号		出口日期 2008－6－15	申报日期 2008－6－11
经营单位 北京轻宇贸易有限公司	运输方式 海运		运输工具名称 CHUN FENG V. 608	提运单号 TY-MHBL06
发货单位 北京轻宇贸易有限公司	贸易方式 一般贸易		征免性质	结汇方式 信用证
许可证号	运抵国（地区） 美国	指运港 纽约		境内货源地 北京
批准文号	成交方式 CIFC5	运费 USD 6000	保费 USD256. 41	杂费 RMB13830. 00
合同协议号 TY-MHSC006	件数 750	包装种类 CARTONS	毛重（公斤） 26250	净重（公斤） 22500
集装箱号 TSA01－TSB01－ TSC01	随附单据 商业发票及装箱单			生产厂家 北京轻宇贸易有 限公司
标记唛码及备注	TY-MHSC006 MAOHAO TRADING NEWYORK NO. 1－750			

续表

项号	商品编号	商品名称及规格型号	数量及单位	最终目的国（地区）	单价	总价	币制	征免
1	A111		1000PCS		11.10	11100.00	US $	
2	B111	PLUSH TOY 毛绒玩具	1000PCS	UNITED STATE OF AMERICA	11.10	11100.00	US $	
3	C111		1000PCS		11.10	11100.00	US $	
合计						33300.00	US$	

续表

录入员　录入单位	兹声明以上申报无讹并承担法律责任	海关审单批注及放行日期（签章）
报关员 许亨		审单　　　　审价
单位地址 中国北京安立路 1666 号	申报单位（签章） 北京轻宇贸易有限公司	征税　　　　统计
邮编 100029　电话 67773326	填制日期 2008－6－11	查验　　　　放行

税费征收情况：（此栏由海关填写，出口商不用填写）

PACKING LIST

1) SELLER BEIJING TSINGYU TRADING COMPANY LIMITED Address： NO. 1666 ANLI ROAD BEIJING, CHINA	3) INVOICE NO. TY-MHINV06	4) INVOICE DATE 11 – Jun – 08
	5) FROM QINGDAO PORT	6) TO NEWYORK PORT
	7) TOTAL PACKAGES (IN WORDS) SAY SEVEN HUNDRED FIFTY CARTONS ONLY	
2) BUYER MAOHAO TRADING CO. LTD. Address： 1890 CHURCH ROAD NEWYORK, PA 16553 U. S. A.	8) MARKS & NOS. TY-MHSC006 MAOHAO TRADING NEWYORK NO. 1 – 750	

9) C/NOS.　10) NOS. & KINDS OF PKGS.　11) ITEM　12) QTY. (pcs.)　13) G. W. (kg)　14) N. W. (kg)　15) MEAS (m³)

		PLUSH TOY				
1 – 250	250CARTONS	A111	1000PCS	8750	7500	25
251 – 500	250CARTONS	B111	1000PCS	8750	7500	25
501 – 750	250CARTONS	C111	1000PCS	8750	7500	25
	TOTAL：		3000PCS	26250	22500	75

16) ISSUED BY BEIJING TSINGYU TRADING COMPANY LIMITED

17) SIGNATURE：Henry Xu

COMMERCIAL INVOICE

1) SELLER BEIJING TSINGYU TRADING COMPANY LIMITED NO. 1666 ANLI ROAD BEIJING, CHINA Tel: 0086 – 010 – 67773326 Fax: 0086 – 010 – 62366236	3) INVOICE NO. TY-MHINV06	4) INVOICE DATE 11 – Jun – 08
	5) L/C NO. TY-MHLC01	6) DATE 26 – May – 08
	7) ISSUED BY ACB BANK NEW YORK, U. S. A	
2) BUYER MAOHAO TRADING CO. LTD. 1890 CHURCH ROAD NEWYORK, PA 16553 U. S. A. FAX: 215 – 365 – 8471	8) CONTRACT NO. TY-MHSC006	9) DATE 10 – May – 08
	10) FROM QINGDAO PORT	11) TO NEWYORK PORT
	12) SHIPPED BY CHUN FENG V. 608	13) PRICE TERM CIFC5 NEWYORK

14) MARKS 15) DESCRIPTION OF GOODS 16) QTY. 17) UNIT PRICE
18) AMOUNT

TY-MHSC006		PLUSH TOY		CIFC5 NEWYORK
MAOHAO TRADING	A111	1000PCS	11. 10	US$11100. 00
NEWYORK	B111	1000PCS	11. 10	US$11100. 00
NO. 1 – 750	C111	1000PCS	11. 10	US$11100. 00

TOTAL CONTRACT VALUE: SAY US DOLLARS THIRTY THREE THOUSAND THREE HUNDRED ONLY

TOTAL GROSS WEIGHT: 26250KGS

TOTAL NUMBER OF PACKAGE: 750CARTONS

19) ISSUED BY BEIJING TSIINGYU TRADING CO. LTD

20) SIGNATURE: Henry Xu

附录四　投保

海运出口货物投保单

1）保险人：
中国人民保险公司北京分公司

2）被保险人：
北京轻宇贸易有限公司

3）标记	4）包装及数量	5）保险货物项目	6）保险货物金额
TY-MHSC006 MAOHAO TRADING NEWYORK NO. 1 – 750	750CARTONS	PLUSH TOY	US$36630.00

7）总保险金额：（大写）
SAY US DOLLARS THIRTY SIX THOUSAND SIX HUNDRED AND THIRTY ONLY

8）运输工具：　　　（船名）　　　　（航次）
　　　　　　　　　 CHUN FENG　　 V608

9）装运港：
QINGDAO

10）目的港：
NEWYORK

11）投保险别：
ALL RISKS AND WAR RISKS AS PER
OCEAN MARINE CARGO CLAUSES
OF P. I. C. C. DATED 1/1/1981.

12）货物起运日期
15 – Jun – 08

13）投保日期：
12 – Jun – 08

14）投保人签字：
Henry Xu

附录五　议付

中国人民保险公司

THE PEOPLE'S INSURANCE COMPANY OF CHINA

总公司设于北京　　　　一九四九年创立

Head office：BEIJING　　Established in 1949

保　险　单　　　　　　　　　　保险单号次

INSURANCE POLICY　　　　　　POLICY NO.

中国人民保险公司（以下简称本公司）

THIS POLICY OF INSURANCE WITNESSES THAT THE PEOPLE'S INSURANCE
COMPANY OF CHINA（HEREINAFTER CALLED "THE COMPANY"）

根　　据

AT THE REQUEST OF　　BEIJING TSINGYU TRADING COMPANY LIMITED

（以下简称被保险人）的要求，由被保险人向本公司缴付约

（HEREINAFTER CALLED THE INSURED）AND IN CONSIDERATION OF THE AGREED
PREMIUM PAID TO THE COMPANY BY THE

定的保险，按照本保险单承保险别和背面所载条款下列

INSURED UNDERTAKES TO INSURE THE UNDER MENTIONED GOODS IN TRANSPORTA-
TION SUBJECT TO THE CONDITIONS OF THIS POLICY

特款承保下述货物运输保险，特立本保险单

AS PER THE CLAUSES PRINTED OVERLEAF AND OTHER SPECIAL CLAUSES AT-
TACHED HEREON

标　记 MARKS § NOS	包装及数量 QUANTITY	保险货物项目 DESCRIPTION OF GOODS	保险金额 AMOUNT INSURED
As per Invoice No. TY-MHINV06	750 CTNS	PLUSH TOY	US$36630.00

总 保 险 金 额:
TOTAL AMOUNT INSURED: SAY US DOLLARS THIRTY SIX THOUSAND SIX HUNDRED AND THIRTY ONLY

保费　　　　　　　　　费率　　　　　　　　　装载运输工具
PREMIUM AS ARRANGED RATE AS ARRANGED PER CONVEYANCE SS. CHUN FENG V.608

开航日期　　　　　　　　　　　自　　　　　至
SLG. ON OR ABT. AS PER BILL OF LADING FROM QINGDAO TO NEWYORK
承保险别:
CONDITIONS COVERING ALL RISKS AND WAR RISKS AS PER
OCEAN MARINE CARGO CLAUSES
OF P. I. C. C. DATED 1/1/1981.
所保货物, 如遇出险, 本公司凭本保险单及其他有关证件给付赔款。
CLAIMS, IF ANY, PAYABLE ON SURRENDER OF THIS POLICY TOGETHER WITH OTHER RELEVANT DOCUMENTS
所保货物, 如发生本保险单项下负责赔偿的损失或事故,
IN THE EVENT OF ACCIDENT WHEREBY LOSS OR DAMAGE MAY RESULT IN A CLAIM UNDER THIS POLICY IMMEDIATE NOTICE
应立即通知本公司下述代理人查勘。
APPLYING FOR SURVEY MUST BE GIVEN TO THE COMPANY'S AGENT AS MENTIONED HEREUNDER:

BMT INSURANCE COMOPANY

P. O. BOX 16697

NEWYORK, U. S. A

FAX: 215 - 393 - 6656

中国人民保险公司北京分公司
赔款偿付地点　　　　　　　THE PEOPLE'S INSURANCE CO. OF CHINA
CLAIM PAYABLE AT/IN NEWYORK IN USD BEIJING BRA NCH

日期　　　　　　　　　　　　　北京
DATE　　　13 – Jun – 08　　　　BEIJING
地址：中国北京增光路 16 号　TEL：65667687 656676 99 – 78　Telex：56789 PICCS CN.

Address：16 Zengguang Road Beijing, China　　　Cable：345676 Beijing

　　　　　　　　　　　　　　　　　　　　　General Manager

Endorsement：BEIJING TSINGYU TRADING COMPANY LIMITED
　　　　　　　13 – Jun – 08

BILL OF LADING

1) SHIPPER BEIJING TSINGYU TRADING COMPANY LIMITED NO. 1666 ANLI ROAD BEIJING, CHINA	10) B/L NO. TY-MHBL06 *CARRIER*
2) CONSIGNEE TO ORDER OF SHIPPER	
3) NOTIFY PARTY MAOHAO TRADING CO. LTD. 1890 CHURCH ROAD NEWYORK, PA 16553 U. S. A.	C O S C O 中国远洋运输（集团）总公司 CHINA OCEAN SHIPPING（GROUP）CO
4) PLACE OF RECEIPT QINGDAO CY	5) OCEAN VESSEL CHUN FENG	
6) VOYAGE NO. V. 608	7) PORT OF LOADING QINGDAO PORT	
8) PORT OF DISCHARGE NEWYROK PORT	9) PLACE OF DELIVERY NEWYORK CY	*ORIGINAL* Combined Transport BILL OF LADING

11) MARKS 12) NOS. & KINDS OF PKGS.   13) DESCRIPTION OF GOODS
14) G. W.（kg） 15) MEAS（m^3）

TY-MHSC006 MAOHAO TRADING NEWYORK NEWYORK	PLUSH TOY ART. NO. A111 ART. NO. B111 ART. NO. C111	26250	75
NO. 1 – 750 750 CARTONS	FREIGHT PREPAID L/C NO. TY-MHLC01		

16) TOTAL NUMBER OF CONTAINERS
    OR PACKAGES（IN WORDS） SAY SEVEN HUNDRED AND FIFTY CARTONS ONLY

FREIGHT & CHARGES	REVENUE TONS	RATE	PER	PREPAID	COLLECT
PREPAID AT	PAYABLE AT		17) PLACE AND DATE OF ISSUE QINGDAO PORT		
TOTAL PREPAID	18) NUMBER OF ORIGINAL B (S) L THREE (3)		15 – Jun – 08		
			21)		
	LOADING ON BOARD THE VESSEL		中国外轮代理公司青岛分公司 CHIINA OCEAN SHIPPING AGENCY QINGDAO BRANCH 辛融 FOR THE CARRIER NAMED ABOVE		
19) DATE 15 – Jun – 08	20) BY				

Endorsement: BEIJING TSINGYU TRADING
COMPANY LIMITED

Henry Xu
15 – Jun – 08

COMMERCIAL   INVOICE

1) SELLER BEIJING TSINGYU TRADING COMPANY LIMITED NO. 1666 ANLI ROAD BEIJING, CHINA Tel: 0086 – 010 – 67773326 Fax: 0086 – 010 – 62366236	3) INVOICE NO. TY-MHINV06	4) INVOICE DATE 11 – Jun – 08
	5) L/C NO. TY-MHLC01	6) DATE 26 – May – 08
	7) ISSUED BY ACB BANK NEW YORK, U. S. A	
2) BUYER MAOHAO TRADING CO. LTD. 1890 CHURCH ROAD NEWYORK, PA 16553 U. S. A. FAX: 215 – 365 – 8471	8) CONTRACT NO. TY-MHSC006	9) DATE 10 – May – 08
	10) FROM QINGDAO PORT	11) TO NEWYORK PORT
	12) SHIPPED BY CHUN FENG V. 608	13) PRICE TERM CIFC5 NEWYORK

14) MARKS   15) DESCRIPTION OF GOODS   16) QTY.   17) UNIT PRICE
18) AMOUNT

TY-MHSC006		PLUSH TOY		CIFC5 NEWYORK	
MAOHAO TRADING	A111	1000PCS	11. 10	US$11100. 00	
NEWYORK	B111	1000PCS	11. 10	US$11100. 00	
NO. 1 – 750	C111	1000PCS	11. 10	US$11100. 00	

TOTAL CONTRACT VALUE: SAY US DOLLARS THIRTY THREE THOUSAND THREE HUNDRED ONLY

TOTAL GROSS WEIGHT: 26250KGS

TOTAL NUMBER OF PACKAGE: 750CARTONS

19) ISSUED BY BEIJING TSIINGYU TRADING CO. LTD
20) SIGNATURE: Henry Xu

PACKING LIST

1) SELLER BEIJING TSINGYU TRADING COMPANY LIMITED Address: NO. 1666 ANLI ROAD BEIJING, CHINA	3) INVOICE NO. TY-MHINV06	4) INVOICE DATE 11 – Jun – 08
	5) FROM QINGDAO PORT	6) TO NEWYORK PORT
	7) TOTAL PACKAGES（IN WORDS） SAY SEVEN HUNDRED FIFTY CARTONS ONLY	
2) BUYER MAOHAO TRADING CO. LTD. Address: 1890 CHURCH ROAD NEWYORK, PA 16553 U. S. A.	8) MARKS & NOS. TY-MHSC006 MAOHAO TRADING NEWYORK NO. 1 – 750	

			PLUSH TOY				
1 – 250	250 CARTONS	A111	1000PCS	8750	7500	25
251 – 500	250 CARTONS	B111	1000PCS	8750	7500	25
501 – 750	250 CARTONS	C111	1000PCS	8750	7500	25
		TOTAL:	3000PCS	26250	22500	75

16) ISSUED BY BEIJING TSINGYU TRADING COMPANY LIMITED

17) SIGNATURE: Henry Xu

ORIGINAL

1. Goods consigned from (Exporter's name, address, country) BEIJING TSINGYU TRADING COMPANY LIMITED NO. 1666 ANLI ROAD BEIJING, CHINA	Reference No. TY-MHORG06 GENERALIZED SYSTEM OF PREFERENCES CERTIFICATE OF ORIGIN (Combined declaration and certificate)
2. Goods consigned to (Consignee's name, address, country) MAOHAO TRADING CO. LTD. 1890 CHURCH ROAD NEWYORK	Issued in THE PEOPLE'S REPUBLIC OF CHINA (country) See Notes overleaf
3. Means of transport and route (as far as known) FROM QINGDAO PORT TO NEWYORK PORT BY SEA	4. Country/region of destination U. S. A
	5. For certifying authority use only

6. Marks and number of packages	7. Number and kind of packages; description of goods	8. H. S. Code	9. Gross weight or other quantity	10. Number and date of invoice
TY-MHSC006 MAOHAO TRADING NEWYORK NO. 1 – 750	750 CARTONS PLUSH TOY *****************	96170010	26250kg	INVOICE NO. TY-MHINV06 INVOICE DATE 11 – Jun – 08

It is hereby certified, on the basis of by control carried out, that the declaration of the export is correct. 北京出入境检验检疫局 **BEIJING ENTRY-EXIT INSPECTION AND QUARANTINE BUREAU** 方研 北京　12 – **Jun** – 08 **Place and date signature and stamp of certifying authority**	The undersigned hereby declares that above details and statements are correct; that all the goods were produced in **CHINA** (country) and that they comply with origin requirements specified for those goods in the Generalized System of Preferences for goods exported to U. S. A (importing country) **BEIJING TSINGYU TRADING COMPANY LIMITED** Henry Xu　　12 – **Jun** – 08 BEIJING

北京出入境检验检疫局

BEIJING ENTRY-EXIT INSPECTION AND QUARANTINE BUREAU

正本

NO. TY-MHINP06　　　　ORIGINAL

地址：北京增光路 196 号 Address： No. 196 Zeng guang Road Bei-jing 电报：北京 12356 Cable 12356BEIJING	检验证书 INSPECTION CERTIFICATE QUALITY	日期 Date：14 – Jun – 08

发货人：
Consignor BEIJING TSINGYU TRADING COMPANY LIMITED

受货人：
Consignee MAOHAO TRADING CO. LTD.

品名： Commodity PLUSH TOY	标记及号码： Marks &No. TY-MHSC006 MAOHAO TRADING NEWYORK NO. 1 – 750

报验数量/重量：
Quantity/Weight TOTAL QUANTITY 3000PIECES IN 750 CARTONS, GROSS WEIGHT 26250KGS
Declare

检验结果：
Results of inspection
THE GOODS ARE OF THE ABOVE-DECLARED QUANTITY AND WEIGHT, AND THE QUALITY IS SOUND.

主任检验员
Chief Inspector 王南

BILL OF EXCHANGE (I)

No. TY-MHINV06

For US$33300   BEIJING 20 – Jun – 08

  (amount in figure)   (place and date of issue)

At   * * *   sight of this FIRST   Bill of exchange (SECOND being unpaid)

pay to   BANK OF CHINA, BEIJING BRANCH   or order the sum of

SAY USDOLLAR THIRTY THREE THOUSAND THREE HUNDRED ONLY

           (amount in words)

Value received for   750CARTONS   of   PLUSH TOY

Drawn under   ACB BANK NEW YORK, U. S. A

L/C No.   TY-MHLC01   dated   26 – May – 08

To: ACB BANK NEW YORK   For and on behalf of

     55 WATER STREET, ROOM 1702,

     NEW YORK, U. S. A   BEIJING TSINGYU TRADING COMPANY LIMITED

         Henry Xu

            (Signature)

BILL OF EXCHANGE (II)

No. TY-MHINV06

For US$33300   BEIJING 20 – Jun – 08

  (amount in figure)   (place and date of issue)

At   ***   sight of this SECOND   Bill of exchange (FIRST being unpaid)

pay to   BANK OF CHINA, BEIJING BRANCH   or order the sum of

SAY US DOLLAR THIRTY THREE THOUSAND THREE HUNDRED ONLY

           (amount in words)

Value received for   750CARTONS   of   PLUSH TOY

         (quantity)   (name of commodity)

Drawn under   ACB BANK NEW YORK, U. S. A

L/C No.   TY-MHLC01   dated   26 – May – 08

To: ACB BANK NEW YORK   For and on behalf of

     55 WATER STREET, ROOM 1702,   BEIJING TSINGYU TRADING COMPA-

         NY LIMITED

     NEW YORK, U. S. A   Henry Xu

            (Signature)

附录六　审单

BILL OF LADING

1) SHIPPER BNC TRADING CO. LTD. 1666 CHURCH ROAD, NEWYORK PA 15776 U. S. A	10) B/L NO. COS08TY01 *CARRIER*
2) CONSIGNEE TO ORDER	

3) NOTIFY PARTY
BEIJING TSINGYU TRADING COMPANY
LIMITED
NO. 1666 ANLI ROAD BEIJING, CHINA
Tel: 0086 – 010 – 67773326

4) PLACE OF RECEIPT NEWYORK CY	5) OCEAN VESSEL YUAN YANG
6) VOYAGE NO. V. 366	7) PORT OF LOADING NEWYORK PORT
8) PORT OF DISCHARGE DALIAN PORT	9) PLACE OF DELIVERY DALIAN CY

C O S C O

中国远洋运输（集团）总公司

CHINA OCEAN SHIPPING
（GROUP）CO.

ORIGINAL

Combined Transport BILL OF LADING

11）MARKS 12）NOS. & KINDS OF PKGS.   13）DESCRIPTION OF GOODS
14）G. W. （kg）   15）MEAS（m^3）

TY-BNSC01	MEN'S SHIRT		
TSINGYU TRADING	ART. NO. A01	6000	80
DALIAN	ART. NO. B01		
NO. 1 – 500	FREIGHT PREPAID		
500CARTONS	L/C NO. TY-BNLC01		

16）TOTAL NUMBER OF CONTAINERS
   OR PACKAGES（IN WORDS）   SAY FIVE HUNDRED CARTONS ONLY

FREIGHT & CHARGES	REVENUE TONS	RATE	PER	PREPAID	COLLECT
PREPAID AT	PAYABLE AT		17）PLACE AND DATE OF ISSUE NEWYORK PORT 26 – Aug – 08		
TOTAL PREPAID	18）NUMBER OF ORIGINAL B（S）L THREE（3）		21）		
19）DATE 26 – Aug – 08	LOADING ON BOARD THE VESSEL		中国外轮代理公司纽约分公司 CHIINA OCEAN SHIPPING AGENCY NEWYORK BRANCH 塞尚 FOR THE CARRIER NAMED ABOVE		
	20）BY				

Endorsement：BNC TRADING CO. LTD.
         Mark LEE
         26 – Aug – 08

COMMERCIAL INVOICE

1) SELLER BNC TRADING CO. LTD. 1666 CHURCH ROAD NEWYORK, PA 15776 U. S. A. FAX: 215 – 365 – 6695	3) INVOICE NO. TY-BNIN01	4) INVOICE DATE 16 – Aug – 08
	5) L/C NO. TY-BNLC01	6) DATE 20 – Jun – 08
	7) ISSUED BY CHINA BANK BEIJING BRANCH	
2) BUYER BEIJING TSINGYU TRADING COMPANY LIMITED NO. 1666 ANLI ROAD BEIJING, CHINA Tel: 0086 – 010 – 67773326 Fax: 0086 – 010 – 62366236	8) CONTRACT NO. TY-BNSC01	9) DATE 16 – May – 08
	10) FROM DALIAN PORT	11) TO NEWYORK PORT
	12) SHIPPED BY YUAN YANG	13) PRICE TERM FOB NEWYORK

14) MARKS 15) DESCRIPTION OF GOODS 16) QTY. 17) UNIT PRICE
18) AMOUNT

TY-BNSC01　　　　MEN'S SHIRT　　　　　　FOB NEWYORK
TSINGYU TRADING　A01　1000DZNS　100. 00　US$100, 000. 00
DALIAN　　　　　　B01　1000DZNS　100. 00　US$100, 000. 00
NO. 1 – 500

TOTAL CONTRACT VALUE: SAY US DOLLARS TWO HUNDRED THOUSAND ONLY

TOTAL GROSS WEIGHT: 6000KGS

TOTAL NUMBER OF PACKAGE: 500CARTONS

19) ISSUED BY BNC TRADING CO. LTD.
20) SIGNATURE: Mark Lee

PACKING LIST

1）SELLER BNC TRADING CO. LTD. Address： 1666 CHURCH ROAD NEWYORK, PA 15776 U. S. A	3）INVOICE NO. TY-BNIN01	4）INVOICE DATE 18 – Aug – 08
	5）FROM NEWYORK PORT	6）TO DALIAN PORT
	7）TOTAL PACKAGES（IN WORDS） SAY FIVE HUNDRED CARTONS ONLY	
2）BUYER BEIJING TSINGYU TRADING COMPANY LIMITED Address： NO. 1666 ANLI ROAD BEIJING, CHINA	8）MARKS & NOS. TY-BNSC01 TSINGYUTRADING DALIAN NO. 1 – 250	

PLUSH TOY

1 – 250	250CARTONS	A01	1000	3500	2500	25
251 – 500	250CARTONS	B01	1000	3000	2500	25
	TOTAL：		2000DZNS	6500	5000	50

TERMS ：CFR NEWYORK

16）ISSUED BY BNC TRADING CO. LTD

17）SIGNATURE：Mark Lee

ORIGINAL

1. Goods consigned from (Exporter's name, address, country) BNC TRADING CO. LTD. 1666 CHURCH ROAD NEWYORK, PA15776 U. S. A	Reference No. TY-BNORG01 CERTIFICATE OF ORIGIN Issued in THE UNITED STATE OF AMERICA (country)
2. Goods consigned to (Consignee's name, address, country) BEIJING TSINGYU TRADING COMPANY LIMITED NO. 1666 ANLI ROAD BEIJING, CHINA	See Notes overleaf
3. Means of transport and route (as far as known) FROM NEWYORK PORT TO DALIAN PORT BYSEA	4. Country/region of destination CHINA 5. Country of origin of goods U. S. A

5. Item number	6. Marks and number of packages	7. Number and kind of packages; description of goods	8. H. S. Code	9. Gross weight or other quantity	10. Number and date of invoice
	TY-BNSC01 TSINGYU TRADING DALIAN NO. 1 – 500	250 CARTONS MEN'S SHIRT ********** ********** ***	86598100	6000kg	INVOICE NO. TY-BNIN10 INVOICE DATE 16 – Aug – 08

11. Certification It is hereby certified, on the basis of by control carried out, that the declaration of the export is correct. **U. S. A CHAMBER OF COMMERCE** **Tom Carson 27 – Aug – 08** Place and date signature and stamp of certifying authority	12. Declaration by exporter the undersigned hereby declares that above details and statements are correct; that all the goods were of U. S. A (country) origin **BNC TRADING CO. LTD.** **Mark Lee　26 – Aug – 08**

U. S. A TEXTILE INSPECTION BUREAU

NO. TY-BNINP01   ORIGINAL

Address NO. 1550 CHURCH ROAD NEWYORK Cable 76689NEWYORK	CERTIFICATE OF INSPECTION	Date 28 – Aug – 08

Consignor
BEIJING TSINGYU TRADING COMPANY LIMITED
NO. 1666 ANLI ROAD BEIJING, CHINA

Consignee
BNC TRADING CO. LTD.
1666 CHURCH ROAD NEWYORK, PA 15776 U. S. A.

Commodity MEN'S SHIRT	Marks &No. TY-BNSC01 TSINGYU TRADING DALIAN NO. 1 – 250

Ship s. s. YUAN YANG V. 366	Port of loading NEWYORK	Port of discharge DALIAN

Quantity/Weight TOTAL QUANTITY 3000DZNS IN 500 CARTONS, GROSS WEIGHT 6000KGS
                Declare

RESULTS OF INSPECTION:
THE GOODS ARE OF THE ABOVE-DECLARED QUANTITY AND WEIGHT,
                AND
                THE QUALITY IS SOUND.

                        Inspecter: Bill Green

CHINA BANK ORIGINAL
BEIJING BRANCH

60 ZENGGUANG ROAD BEIJING, PEOPLE'S REPUBLIC OF CHINA Tel: 0086 – 010 – 63326775 Fax: 0086 – 010 – 63326319	IRREVOCABLE DOCUMENTARY CREDIT NUMBER: TY-BNLC01 PLACE AND DATE OF ISSUE: Beijing June 20th, 2008 DATE AND PLACE OF EXPIRY: September 20th, 2008, U. S. A
APPLICANT: BEIJING TSINGYU TRADING COMPANY LIMITED ADD: NO. 1666 ANLI ROAD, BEIJING, CHINA Tel: 0086 – 010 – 67773326 Fax: 0086 – 010 – 62366236	BENEFICIARY: BNC TRADING CO. LTD ADD: NO. 1666 CHURCH ROAD NEWYORK, PA15776 U. S. A FAX: 215 – 365 – 6695
ADVISING BANK: CHINA BANK NEWYORK BRANCH NO. 1570 25TH STREET NEWYORK, U. S. A FAX: 215 – 177 – 5860	AMOUNT: USD300, 000. 00 SAY US DOLLARS THREE HUNDRED THOUSAND ONLY
PARTIAL SHIPMENTS: PROHIBITED TRANSHIPMENT: PROHIBITED SHIPPED FROM: NEWYORK, U. S. A SHIPPED TO: DALINA, CHINA LATEST SHIPMENT: August 31th, 2008	CREDIT AVAILABLE WITH: ANY BANK BY: NEGOTIATION OF BENEFICIARY'S DRAFT AT SIGHT OF FULL INVOICE VALUE DRAWN ON CHINA BANK BEIJING BRANCH, ACCOMPANIED BY THE DOCUMENTS INDICATED HEREIN.

DOCUMENTS REQUIRED:
- 3/3 SET CLEAN ON BOARD MARINE B/L MADE OUT TO ORDER OF SHIPPER AND ENDORSED IN BLANK MARKED FREIGHT TO BE COLLECTED AND NOTIFY APPLICANT, INDICATED NAME, ADDRESS OF SHIPPING COMPANY AGENT IN BEIJING.
- PACKING LIST IN 2 FOLD SHOWING S/C NO. , SHIPPING MARKS, NET WEIGHT, GROSS WEIGHT, AND MEASUREMENTS OF EACH PACKAGE.
- CERTIFICATE OF ORIGIN IN 1 FOLD ISSUED BY U. S. A CHAMBER OF COMMERCE.
- CERTIFICATE OF INSPECTION IN 1 FOLD ISSUED BY U. S. A TEXTILE INSPECTION BUREAU.
- BENEFICIARY'S SIGNED COMMERCIAL INVOICE IN 2 FOLD SHOWING S/C NO. , L/C NO. , SHIPPING MARKS, NAME OF CARRYING VESSEL.

- CERTIFICATE OF BENEFICIARY INDICATING ONE SET OF COPY DOCUMENTS HAVE BEEN FAXED TO APPLICANT WITHIN 24 HOURS AFTER SHIPMENT.

SHIPPING TERMS: FOB NEWYORK

COVERING: SUN BRAND MEN'S SHIRT

ART. NO.	QUANTITY	UNIT PRICE
A01	1000DZNS	USD100. 00
B01	1000DZNS	USD200. 00

SHIPPING MARKS: TY-BNSC01/TSINGYU TRADING/DALIAN/NO. 1 – UP

SPECIAL INSTRUCTIONS: ALL CHARGES OUTSIDE CHINA ARE FOR ACCOUNT OF BENEFICIARY.

Drafts and documents to be presented for negotiation not later than 15 days after the B/L date. Except so far as otherwise expressly stated, this credit is subject to the "Uniform Custom and Practice for Documentary Credit" 2007 Revision International Chamber Publication No. 600. WE HEREBY AGREE WITH THE DRAWERS ENDORSERS AND BONAFIDE HOLDERS OF DRAFTS DRAWN UNDER AND IN COMPLIANCE WITH THE TERMS OF THIS CREDIT THAT SUCH DRAFTS WILL BE DULY HONORED ON DUE PRESENTATION TO THE DRAWEE IF NEGOTIATED ON OR BEFORE EXPIRY DATE.

END OF CREDIT

CHINA BANK BEIJING BRANCH
John Lee

BILL OF EXCHANGE（Ⅰ）

No. TY-BNINV01

For US$200, 000   NEW YORK 9 – Sep – 08

（amount in figure）   （place and date of issue）

At   ***   sight of this   FIRST   Bill of exchange（SECOND being unpaid）

pay to   BANK OF CHINA, BEIJING BRANCH   or order the sum of

SAY US DOLLAR TWO HUNDRED THOUSAND ONLY

（amount in words）

Value received for   500CARTONS   of   SUN BRAND MEN'S SHIRT

（quantity）   （name of commodity）

Drawn under   BANK OF CHINA, BEIJING BRANCH

L/C No.   TY-BNLC10   dated   20 – Jun – 08

To: CHINA BANK, NEW YORK BRANCH   For and on behalf of

BNC TRDING CO. LTD.

Mark Lee

（Signature）

BILL OF EXCHANGE（Ⅱ）

No. TY-BNINV01

For US$200, 000   NEW YORK 9 – Sep – 08

（amount in figure）   （place and date of issue）

At   ***   sight of this SECOND   Bill of exchange（FIRST being unpaid）

pay to   BANK OF CHINA, BEIJING BRANCH   or order the sum of

SAY US DOLLAR TWO HUNDRED THOUSAND ONLY

（amount in words）

Value received for   500CARTONS   of   SUN BRAND MEN'S SHIRT

（quantity）   （name of commodity）

Drawn under   BANK OF CHINA, BEIJING BRANCH

L/C No.   TY-BNLC10   dated   20 – Jun – 08

To: CHINA BANK, NEW YORK BRANCH   For and on behalf of

BNC TRDING CO. LTD.

Mark Lee

（Signature）

实验一　实验报告

课程名称_____国际贸易实务_____

实验项目_____出口报价核算_____

实验仪器____局域网、电脑和 TMT 教学软件____

系　　别_____

专　　业_____

班级/学号_____

实验日期_____年　月　日_____

成　　绩_____

指导教师_____

实验二 出口报价核算

一 实验目的

1. 进一步熟悉仿真环境。

2. 根据所给模拟实验资料和环境，要求学生综合运用和掌握以下知识点，体会报价核算与贸易术语、采购成本与保险费之间的关系。

（1）主要贸易术语的含义和区别。

（2）掌握主要贸易术语的合同报价核算。

二 实验内容与实验步骤

1. 归纳与报价核算有关的商品信息

结合模拟交易案例归纳与报价核算有关的商品信息。

商品：

货号：

颜色：

国内费用：

保险：

其他条件：

2. 写出报价核算过程

结合模拟交易案例归纳有关贸易术语的报价核算的过程。

三 实验环境

1. 网络环境

基于 Windows NT 的网络，使用 TCP/IP 协议。

2. 服务器配置

CPU PIII 以上，内存 256M 以上；

Windows 2000 Server 操作系统；

硬盘空间：同时 100 人的实习规模，应有 250M 剩余空间。

3. 客户端配置

Internet Explorer 5.0 以上浏览器；

MS Office 软件。

四　实验过程与分析

1. 归纳出与报价核算有关的商品信息

2. 写出报价核算过程

五　实验结果总结

出口报价核算时，应该注意以下问题的处理。

（1）

（2）

（3）

（4）

六　附录

参考文献

[1] 祝卫、程洁、谈英：《出口贸易模拟操作教程》（第三版），
上海人民出版社，2008。

[2] 祝卫、程洁、谈英：《国际贸易操作能力实用教程》，上海人
民出版社，2006。

[3] 吴国新、李元旭：《国际贸易单证实务学习指导书》，清华大
学出版社，2006。

[4] 胡俊文、戴瑾：《国际贸易实战操作教程》，清华大学出版
社，2009。

[5] 国家外汇管理局，http：//www. safe. gov. cn/。

[6] 国家税务总局，http：//www. chinatax. gov. cn/。

[7] 宁波档案局，http：//www. dangan. ningbo. gov. cn/。

[8] 中国国家认证认可监督管理委员会，http：//www. cnca.
gov. cn/。

[9] 中华人民共和国海关总署，http：//www. customs. gov. cn/。

[10] http：//www. ego4u. com/en/business – english/communication/
business – letter.

[11] http：//www. englishclub. com/business – english/index. htm.

[12] http：//esl. about. com/cs/onthejobenglish/a/a_basbletter. htm.

[13] http：//www. maotianxia. com/c4206. aspx.

图书在版编目(CIP)数据

国际贸易流程实验教程/李雁玲,韩之怡,任丽明编著.
—北京:社会科学文献出版社,2010.6
(经济管理实践教材丛书)
ISBN 978 - 7 - 5097 - 1542 - 0

I.①国 … II.①李 … ②韩… ③任… III.①国际贸易 -
贸易实务 - 高等学校 - 教材　IV.①F740.4

中国版本图书馆 CIP 数据核字(2010)第 093918 号

·经济管理实践教材丛书·
国际贸易流程实验教程

编　　著 /	李雁玲　韩之怡　任丽明	
出 版 人 /	谢寿光	
总 编 辑 /	邹东涛	
出 版 者 /	社会科学文献出版社	
地　　址 /	北京市西城区北三环中路甲 29 号院 3 号楼华龙大厦	
邮政编码 /	100029	
网　　址 /	http://www.ssap.com.cn	
网站支持 /	(010) 59367077	
责任部门 /	财经与管理图书事业部 (010) 59367226	
电子信箱 /	caijingbu@ssap.cn	
项目负责人 /	周　丽　赵学秀	
责任编辑 /	李延玲	
责任校对 /	韩海超	
责任印制 /	蔡　静　董　然　米　扬	
总 经 销 /	社会科学文献出版社发行部	
	(010) 59367080　59367097	
经　　销 /	各地书店	
读者服务 /	读者服务中心 (010) 59367028	
排　　版 /	北京步步赢图文制作中心	
印　　刷 /	北京季蜂印刷有限公司	
开　　本 /	787mm×1092mm　1/20	
印　　张 /	15.4	
字　　数 /	243 千字	
版　　次 /	2010 年 6 月第 1 版	
印　　次 /	2010 年 6 月第 1 次印刷	
书　　号 /	ISBN 978 - 7 - 5097 - 1542 - 0	
定　　价 /	45.00 元	